披荆斩棘

职业规划与职场进阶

刘金华◎著

中国书籍出版社
China Book Press

图书在版编目 (CIP) 数据

披荆斩棘：职业规划与职场进阶 / 刘金华著 . --
北京：中国书籍出版社，2022.7
ISBN 978-7-5068-9109-7

Ⅰ . ①披… Ⅱ . ①刘… Ⅲ . ①职业选择 Ⅳ .
① C913.2

中国版本图书馆 CIP 数据核字（2022）第 134052 号

披荆斩棘：职业规划与职场进阶

刘金华 著

责任编辑 张 娟 成晓春
责任印制 孙马飞 马 芝
封面设计 仙 境
出版发行 中国书籍出版社
地　　址 北京市丰台区三路居路 97 号（邮编：100073）
电　　话（010）52257143（总编室）（010）52257140（发行部）
电子邮箱 eo@chinabp.com.cn
经　　销 全国新华书店
印　　厂 三河市德贤弘印务有限公司
开　　本 710 毫米 ×1000 毫米 1/16
字　　数 165 千字
印　　张 14.25
版　　次 2023 年 3 月第 1 版
印　　次 2023 年 3 月第 1 次印刷
书　　号 ISBN 978-7-5068-9109-7
定　　价 56.00 元

前言

当下，伴随着经济、科技的飞速发展，我国对人才的需求日益增加，就业的机会越来越多，可供选择的职业也越来越多。不过，随之而来的并非只有这些，还有工作上的压力和对未来职业发展的迷惘。走在职业的大道上，很多人竟不知道何去何从，只得停在原地，独自伤神。

在时代发展的浪潮中，要想获得职业发展，取得事业成功，就要勇于披荆斩棘，不断突破，不断进阶。不过，前提是要做好职业规划。也就是说，要想拥有良好的职业前途，推动事业不断发展，首先要做的就是规划好自己的职业生涯。可以说，无论是对于即将步入职场的新人，还是在职场中摸爬滚打多年的老人来说，做好职业规划都至关重要。

现在，许多人已经逐渐意识到了职业规划的重要性，并想要尝试规划自己的职业生涯，却不知从何处入手。你是不是也遇到了同样的问题？本书将帮你细致规划职业生涯，让你面对职场自信从容；助你不断提升，在职场中脱颖而出。

首先，本书带你认识什么是职业与职业规划，让你对职业规划有一个全面的了解。其次，本书带你找准赛道，帮你在正确的赛道上奠基成功人生；为你充电续航，提升你的职业力；教你职场礼仪，打造你的职场形象。再次，本书带你驰骋职场，在复杂的人际关系中进退自如；教你掌握管理智慧和方法，助你带领团队所向披靡。最后，本书帮助人至中年的你顺利度过职场瓶颈期，摆脱职场困惑；让从不轻言放弃的女性职业者和男性一样获得良好的职业发展，绽放无限魅力。

本书不光告诉你什么是职业规划，还教你如何进行职业规划。本书力求用流畅清丽的语言，翔实丰富的内容，突出指导性和实用性，为人们在不断前进的职业道路上提供助力。除此之外，本书还精心设置了各种版块，让你能更简单、容易地吸取知识，掌握方法，学习成功经验。

职业有规划，人生才会有方向；人生有方向，事业才会更成功，生活才会更幸福！

阅读这本书，从此择业不迷茫，从业有方向，在职场中披荆斩棘，勇闯一片天地！

作者

2022 年 4 月

目录

第 1 章
认识职业与职业规划

职业生涯不能没有规划，更不能不去经营。站在自己的职业舞台上，只有详尽规划，挥洒才华，才能演绎自己的别样人生。

换句话说，一个人如若能够做好职业规划，那么他的目标将十分明确，也会奔着这个目标而不懈努力，其职业生涯也将顺畅许多，并最终从中受益，创造更好的未来。

1.1　职业与职业生涯规划

1.1.1　明明很优秀，为何职业发展受阻

有些人或聪明伶俐，或努力勤奋，明明很优秀，可在职业发展中却处处受阻，这是为什么呢？其实这可以用孔子的一句名言来解答——人无远虑，必有近忧。这句话是说，一个人如果没有长远的考虑，就必然会有眼前的忧虑。其实这句话也从侧面告诉人们要积极思考，要为未来的发展做谋划。

小胡是一名即将结束学生时代，马上走向社会进入职场的大学生，他勤奋好学、成绩优异，但对于将要开启的职业生涯，他感到非常迷茫，不知路在何方，为此十分恐慌。

无独有偶，小丁是一名工作多年的白领，他勤奋努力、谦逊和蔼，但工作上遭遇瓶颈，停滞不前，为此他感到迷茫无措、苦恼不已，却不知如何破局。

小胡和小丁之所以会出现上述状况，其实和他们没有做好职业规划有着很大的关系。“凡事预则立，不预则废。”行事前如果不提前做好计划和准备，就不可能取得成功。反过来说，行事前只有积极谋划和准备，才有可能成功。

智者从不打无准备之战。在职场中，如果想要更好地生存和发展，就要对未来的职业生涯做好周密的计划和安排。越早规划自己的职业生涯，目标就会越清晰，而实现目标的机会就会越大。

1.1.2 到底什么是职业

社会的发展形成了各种不同的职业，有呵护培育祖国花朵的教师，有救死扶伤的医护人员，有维护城市环境的清洁工人等。而不论是哪一种职业，只有深入了解职业，才能找准自己的位置，才能做好自己的本职工作，也才能在自己的职业之路上越走越远。

那么，到底什么是职业呢？关于什么是职业的问题，中国职业规划师协会给出了明确的回答：职业是性质相近的工作的总称，通常指个人服务社会并作为主要生活来源的工作。

职业是一类相似职位的总称，其范畴很大，即便是从事着相同职业的人，在不同的行业也会有着不同的工作性质，即职能。所以，职业的范畴也可以用“职业 = 职能 × 行业”这一公式来表示。

职业表现为不同的职位或岗位，每一个职位都包含着相应的一组任务，而要完成工作任务，就需要岗位上的每个人具备相应的知识、技能、动力和态度等。

职业是人们获取物质和精神财富的一种手段，它赋予人们社会角色和地位，是人们实现自我的一条道路。个人的理想、信念和生活目标，可以通过从事相关职业而变为现实；个人的人生价值也可以通过职业发展而变得更加丰富。

职业追求向上发展

职业具有专业性，每一种职业都有着不同的专业要求。职业的专业性容不得得过且过，更容不得敷衍了事和态度散漫，而是要求态度认真、积极向上、努力进取。

专业性是以丰富的知识和相应的能力为基础的，如果掌握了丰富的知识和相应的能力，即便是从事一个普通的职业，也可以成为这一职业领域的“专家”。可见，职业的专业性决定了职业的向上追求与发展。

1.1.3 何谓职业生涯规划

在一个人的一生中，职业生涯多达数十年，但如何过好这数十年的职业生涯，并从中体现自己的价值、实现自己的梦想，则需要好好规划一番。那么，何谓职业生涯规划？

所谓职业生涯规划，是指一个人基于对自己的职业生涯的主客观条件的测定与分析，基于对自己兴趣、爱好、能力和价值观的考量，同时结合自己的职业特点，确定最佳职业奋斗目标，并为实现目标而做出的行之有效的安排。

简单来讲，职业生涯规划就是一个人主动地、有意识地对自己的职业生涯乃至未来人生进行持续性计划的过程。这一过程引领着人坚定向前，对一个人的人生发展影响重大。

可以看出，职业生涯规划对自我的职业人生有着重大意义。具体而言，职业生涯规划可以开发自我潜能，培养勇气，增强自信与实力；可以帮助自我克服态度消极、缺乏自信、技能不足、就业趋势不明等内外障碍；还可以帮助自我获得成功的事业，实现人生梦想和价值。

职业生涯规划如此重要，那么该如何进行规划呢？不妨先问自己五个问题：自己是个什么样的人？自己想要什么？自己能做什么？自己的职业支撑点是什么？自己的最终职业目标是什么？明确了这五个问题，基本上也就能做一个简单的职业生涯规划了。

有智慧的人总是能合理地规划自己的职业生涯，他们会综合各种因素，对自己的职业生涯进行或短期或中期或长期的规划，并朝着所设定的目标而努力，最终能收获令人羡慕的美好人生。于我们而言，也应如此。

诸葛亮的职业生涯规划

诸葛亮，后汉三国时期著名的军事家、政治家、散文家、发明家。诸葛亮的一生可谓是成功的，而其辉煌的一生离不开其缜密的职业生涯规划。

诸葛亮自幼心怀远大志向，很早就将光复汉室定为自己的人生目标，并为实现这一目标而不断提升自己。同时，诸葛亮的职业定位十分清晰，那就是成为像管仲、乐毅那样优秀的“谋略大师”。当学成下山之时，诸葛亮选择辅佐与自己价值观和目标相匹配的刘备，并为此一生鞠躬尽瘁，最终辅佐刘备开创蜀汉王朝，青史留名。

诸葛亮的辉煌成就离不开其富有智慧的职业规划，这也启示我们要重视并做好自己的职业生涯规划。

1.2 影响你就业的因素有哪些？

就业，是每一个具有劳动能力的成年人最为关心的问题。在真正进入社会之后，我们通过付出劳动，换取一定的劳动报酬，在实现人生理想与目标的基础上，完成自我价值和社会价值的统一。然而在现实生活中，“就业”这一词语的本质内涵，不仅仅是参加社会劳动这么简单，在它的背后，还受到诸多社会因素的制约，只有充分认识并跨跃这些制约因素背后的“鸿沟”，我们才能更好地就业，才能有更加完善的职业生涯发展与规划。

1.2.1 影响个人就业的客观因素

在社会发展中，影响个人就业的因素有许多种，其中在客观因素方面，社会经济发展的整体程度和企业自身对求职者的种种条件限制，是两个不可忽视的重要方面。

社会经济发展整体程度的好与坏，是影响求职者就业的一大重要因素。在一个社会中，经济发展活跃，各行各业也充满活力，蓬勃向上，对劳动者的需求就会呈现旺盛的态势。而且一个值得注意的细节是，在社会经济发展整体向上的态势刺激下，社会分工会进一步细化，在这样的一个基础上，新行业、新工种会层出不穷地涌现出来，这也在客观上扩大了求职者的就业面，推动了全社会就业的活跃度与参与度。

企业作为社会经济活动的主要载体，它所开列出来的招聘条件，在客观上也极大地影响了求职者的就业需求。比如有些企业在招聘条件中会明确地列出：只招聘高学历的人才，还指定必须是重点院校毕业；另一部分企业，对于学历和院校的要求也许并不是太高，然而他们却往往要求应聘者具有一定的工作经验，或者是在年龄上做出限制，应届毕业生以及一些年龄大的职场人士，看到这种招聘要求，往往只能“望洋兴叹”。显然，这种高门槛的招聘条件限制，对个人就业会带来一定的束缚。

楚瑜是一家公司的研发主管，在行业内有着较为丰富的经验。非常具有上进心的他，在具备了一定的工作经验之后，想要跳槽获取更高的薪酬。然而他发出了多份简历，无一例外都遭到了对方的婉拒，说他各方面都挺合适，就是年龄大了一些。

楚瑜对于年龄成为限制条件这一点感到难以理解，因为他才刚刚三十六岁。在他的固有认知中，这是一个人年富力强的黄金时期，怎

么就成了其他公司筛选人才的“硬性条件”之一了呢?

实际上，在现实的职场中，和楚瑜有着同样遭遇的职场人士不在少数。年龄成为限制就业的重要影响因素，原因就在于在企业看来，年龄大的求职者做事较为保守，缺少锐气和进取心，缺乏创新能力；而相对而言，使用新人不仅用工成本会大幅度降低，也容易管理，培养一段时间就能够独当一面。对比之下，自然也就不愿意接纳一些年龄大的求职者了。

影响个人就业的硬实力和软实力

个人就业，自我的硬实力和软实力两大方面同样不可忽视。那么，什么是硬实力和软实力呢?

硬实力主要是指个人的外形条件，包括身高、相貌、谈吐、服饰穿戴等具体可见的外在“硬件”。求职者在应聘时，良好的个人外在条件，会给人一种“美”的愉悦视觉享受，也会在无形中为自己增加许多印象分，较他人更易获得进入职场的“入场券”。

软实力相较于硬实力，更偏重于内在。它主要指的是一个人从内到外散发出来的气质、吸引力和亲和力等。在职场中，具有亲和力和良好气质的人，自然更能够赢得面试官的好感与青睐。

1.2.2 影响个人就业的主观因素

在主观因素方面，个人就业愿望是否强烈，就业观念是否狭隘，就业心态是否端正，自身综合素质等，都是影响个人就业的重要因素。

比如在就业观念和就业心态上，一些刚毕业的大学生在就业观上就相对狭隘一些。他们希望能够一入职就当上“白领”或“金领”，向往办公室的职位，而对基层锻炼机会却视而不见。这种好高骛远的心态，导致他们就业时的各种挑剔，最终高不成，低不就，让自己处境尴尬。

自身综合素质较低，也是影响个人就业的“硬伤”之一。无论是初入社会的大学生，还是在职场中摸爬滚打多年的职场人，自身综合素质是求职时面试官最为看重的东西。比如有些大学生虽然拥有较高的学历，但只是“纸上谈兵”而已，给他们安排项目，原本指望他们能够利用自身的专业知识，扎扎实实地推动项目的发展，谁知却迟迟进入不了状态，没有任何成果可言，最终令人大失所望。显然，这种“华而不实”的高学历，自然就会成为他们就业路上的一个“拦路虎”。

精英案例

突破就业因素限制的姜子牙

商朝末年，周文王、周武王在姜子牙的辅佐下，会盟诸侯，通过一场彪炳史册的牧野大战，击败了商纣王，建立了八百年的大周王朝。

姜子牙遇到周文王时，已经是五六十岁的老人了，他这样的一个年纪，又是如何赢得周文王的青睐的呢？原来姜子牙不按常规套路出牌，他另辟蹊径，一个人坐在渭水河畔，用直钩钓鱼的方式成功吸引了周文王的注意。

周文王和他攀谈后，发现别看姜子牙一把年纪了，却是一个目光远大、学问渊博的人。他上知天文，下知地理，对政治、军事各个领域都有很深的研究，尤其是对周文王最为关心的政治形势分析得头头是道，指明了周朝将兴、商汤将灭的发展趋势，一席话说到了周文王的心坎里。随后他便拜姜子牙为相，并在姜子牙的大力辅佐下，苦心经营，为大周的建立奠定了坚实的基础。

姜子牙之所以能够进入周王朝的“核心职场”之中，并成为其中的领军人物，关键就在于他拥有超高的专业知识素养和过硬的个人能力，使得他成功克服了自身年龄上的弱势，进而赢得了周文王的赏识和重用。

1.3 就业还是创业？

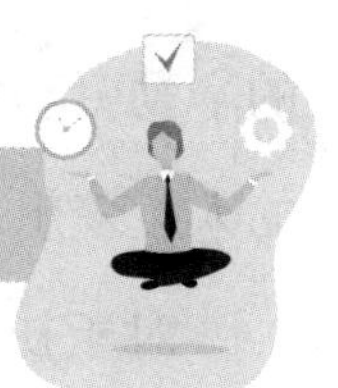

对于大多数人来说，在人生的长远发展上，存在着两个选择：一个是参加工作，也即直接就业；另一个是为自己“打工”，也就是时下非常流行的创业。但无论是就业还是创业，都是我们自身职业生涯规划中重要的一环，而且不管选取哪一种模式，都各有利弊。在实际生活中，在两难的抉择面前，无论是大学生还是已经工作多年的职场人士，正确的做法，应当是充分结合自身的实际条件和客观条件，认清创业和就业的本质，进而做出最佳的职业规划选择。

1.3.1 只有创业才有出路吗？

对于具有劳动能力的成年个体来说，摆在他们面前的人生道路选择主要有两个：一是就业，也就是通过给工作单位提供脑力或体力劳动，从而获得报酬收入和价值交换；另一种就是创业，也即通过自我的辛勤劳动和智力付出，自己给自己"发薪水"，实现"开公司当老板"的人生梦想。

对于初入职场的大学生，以及那些已经在职场中"下水"很久的从业者，哪一种路径的选择才是最为恰当的呢?

一些人在遇到这样的两难选择时，会毫不犹豫地给出他们的答案：当然是创业了。他们认为，创业无论成就大小，都是自我价值的真正体现，何必非要将自身的智力贡献给他人，换取一份和自我价值不相称的收入呢?

为了说明观点的正确性，他们还会搬出一系列较有说服力的数据：比如在世界著名富豪中，无论是乔布斯还是比尔·盖茨，这些享誉世界的大富豪，哪一个是通过"打工"为自己赚来的巨额财富呢?

他们认为打工太平庸，缺乏动力和激情，白白浪费大好的青春年华，只有创业才是唯一的出路。但事实果真如此吗?

芊芊原是一家公司的职员，作为入职多年的老员工，她有着较为丰厚的待遇不说，工作强度也相对较小。然而过惯了朝九晚五的生活之后，芊芊总觉得自己的生活太过平淡了，做什么都提不起精神。

恰巧一次朋友聚会，她从朋友口中得知自媒体风头正劲，是一个不错的风口，做好了收入不菲，更令人心动的是，还可以自由掌控自己的作息时间。芊芊听了，一下子来了兴趣，她在粗略地了解了关于自媒体创业的情况之后，就义无反顾地辞职，开始了创业之路。

然而理想很丰满，现实很骨感。在真正走上创业之路后，创办了一家自媒体公司的芊芊这时才发现这条路并不是自己想象中的那样简单，人员招聘、公司事务、资金压力等等，每天都让她喘不过气来。在经过将近一年的创业摸索之后，芊芊就将自己工作多年的积蓄给折腾光了。最后，她不得不关闭公司，重新开始选择就业这条路。

创业，三个硬性标准缺一不可

相信在就业和创业这两个选择面前，很多人都会摇摆不定。有一部分人即使迫于现实压力选择了就业，然而在他们的心中，“创业的梦想之火”始终没有熄灭过。判断自我是否具备创业的资格有以下三个硬性标准，不妨参照对比一下。

- 家庭条件宽裕。我们需要明白的是，创业需要大量的原始启动资金，如果是刚毕业的大学生，家庭条件相对富裕一些，没有后顾之忧，这时不妨遵从内心梦想的声音试一下，即使失败了也可以从头再来。
- 要有过硬的心理素质。创业期间压力大，有时回报周期也非常长，需要创业者拥有一颗平常心来加以对待。如果得失心太重，接受不了创业失败的现实，最好不要轻易走上创业的道路。
- 能够吃苦耐劳。创业会耗费我们大量的精力、体力和时间，如果个性懒散，没有做好吃苦的心理准备，创业的梦想也就不容易实现。

1.3.2 适合自己的才是最佳的选择

就业和创业，是职场人士的两种选择，这里面没有严格的对与错，各有各的利弊。

以就业为例。就业的优势显而易见，有稳定的职位和固定的收入，风险较低，公司的未来发展和长远规划主要由公司决策层谋划，个人只需履行好自身的岗位职责即可。

当然，在优势之外，就业的弊端也显而易见。就业是相对稳定一些，然而对于大多数个体来说，发展潜力不大，发展空间也有限，有时还要看领导的脸色行事，很多人都是在忙忙碌碌、平平凡凡中度过一辈子，自我的人生理想和年轻时候的激情，也在平淡的岁月中被消磨殆尽了。

同样，对于创业而言，利弊也非常明显。创业的优势在于，通过创业，可以实现自我的人生理想和目标，也可以自由发挥自我的创造力和想象力，相对就业来说，有更多自主选择的权力和自由。

然而创业的劣势也很突出。对于大多数人来说，创业有很大的风险。在创业之初，或许公司一直没有稳定的利润；在创业过程中，资金的压力和项目的进展，也常常令创业者夜不能寐。

这样对比分析之后就不难看出，就业和创业各有利弊，对于刚毕业的大学生，或者犹豫不定的职场人士，无论选择哪一条路径，都要结合自身的实际情况，只有适合自己的、有利于自己职业发展的才是最好的选择。

如果资金和经验不足，不妨先去就业，等到时机成熟了再去创业也不迟，正所谓“磨刀不误砍柴工”，切忌操之过急。

同时，在就业的过程中，要以创业的心态去工作，不断地提升自我、锻炼自我、磨炼自我、积累自我，一旦有合适的创业项目，就要牢牢抓住机遇，一步一个脚印，稳扎稳打，进而实现自我的人生跨越。

1.4 良好的自我认知是择业的前提

中国有句古话非常具有哲理性，就是“知人者智，自知者明”。这句话的意思是说，了解别人的人拥有大智慧，了解自己的人最为睿智。个人想要有良好的人生发展，前提是对自我的优缺点和长短处有清晰的评判和认识，唯有如此，在人生道路取舍上，才会有正确的选择。同理，在自我职业生涯和职业规划上，也同样要求我们对自身应有恰当合理的认知，不自卑自弃，也不自高自大，只有做到脚踏实地，才能在职业发展的道路上行稳致远。

1.4.1 择业时为何要有良好的自我认知

对具有正常劳动能力的成年人来说，就业是他们最为关心也必须面对的核心问题。能不能有一个广阔的职业发展前景，能否通过就业来维持自我和家庭的生活，这一切都和就业前正确的择业观念有着密切联系。

然而在现实生活中，很多人由于没有正确的自我认知，缺乏好的心态，在择业时往往挑肥拣瘦，期望值过高，最终高不成低不就，始终徘徊在就业门口之外。显然，择业前缺乏必要而正确的自我认知，摆不正自己的位置，成了影响无数人就业的一大"拦路虎"。

心高气傲的苏颖大学毕业后，一心想要找到一份理想的工作，对此她给自己的定位只有一条：非世界 500 强公司不进。其实早在毕业前的校园招聘会上，就有几家实力不俗的公司向苏颖主动递来了"橄榄枝"，希望她能够来他们公司一展所长。

但在苏颖眼里，这几家企业不符合她的职业理想，她想要的是一步就位。同学和师长纷纷劝说她先就业，等到掌握了一定的技术和经验之后，再一步步向上发展也不迟。对此苏颖一概置之不理，固执地表示，宁愿不就业，也绝不会降低她的择业标准。

事实上，世界 500 强公司的一份 offer 经常会引来无数人争抢，而且在众多的竞争者中，不是拥有世界名校的背景，就是有着令人仰慕的职业经历，这两点，恰恰是苏颖所不具备的。因此，她频频碰壁，在求职两年之后，竟然还是一名待业者。

反观和她同年毕业的同学们，几乎都有了一份稳定的工作，其中还有几个佼佼者，在掌握了丰富的技术经验之后，跳到了更好的平台上发展。苏颖直到此时才幡然醒悟，认识到自己择业观念的错误就在于没有一个良好的自我认知，太过于高估自己，想着到大公司就业，能够一步就位，谁知受个人能力限制却不能如愿，以至于错过了最佳的择业期。

苏颖的案例告诉我们，良好的个人认知非常关键，它深深地影响着我们的择业目标与成效，过高则自负，过低则自卑，无论哪一种都要不得。

择业时应当注意哪些问题呢？

在人生的长河中，选择一份适合自己发展的职业，对人生的成长有着重要的助推作用。那么在择业时，有哪些问题需要大家注意呢？

- 要有长远的目光。在具体择业时，不能光盯着待遇报酬，还要充分考虑这份职业的未来发展空间和前景，有没有更为广阔的发展空间，这才是我们首要考虑的问题。
- 不要被一时的艰苦吓住，沉到基层，反而有助于我们更好地崭露头角。很多人在择业时，往往一看到基层一线的工作，就直接摇头否定。在他们眼中，白领、金领才是他们向往的职业，去一线受苦受累又是何苦呢？实际上，基层工作看似又苦又累，却是锻炼人综合素养的最佳机会。很多公司的高层，都是从基层“真刀实枪”地一步步干起来的，经历过大风大浪考验的他们，在职业发展道路上才能走得更加沉稳扎实。

1.4.2 怎样才能正确地认识自我

毋庸置疑，正确的自我认知，是择业的关键，那么如何才能有一个正确的自我认知呢?

◆ 虚心地倾听别人的意见

在生活中，每个人身边都不乏良师益友，他们的话语态度、批评教育，对于我们的人生发展有着莫大的益处。

明白了这个道理，在日常接人待物上，我们就要善于放低姿态，拿出虚心的态度，认真倾听来自朋友、亲人、师长的意见和教诲。其中，既有他们对我们品行、素养和能力的中肯看法，也有对我们在择业上的合理化建议，值得我们虚心听取。

亲朋师友作为我们身边最为亲近的人，一方面他们站在一个“旁观者”的角度展开观察，所以深知我们的长短处和优缺点，提出的建议也极为客观公正；另一方面，师长、父母等长辈都是有着丰富生活经验的人，诚恳地接受他们的正确指导，对认知自我往往能够起到“四两拨千斤”的作用。

◆ 展开合理的自我评价，全面地认知自己

在外在形象上，我们应当从外貌、衣着、举止、风度、谈吐等几个要素上，给自己打一个合理的分数，不要总是一副高高在上、孤傲

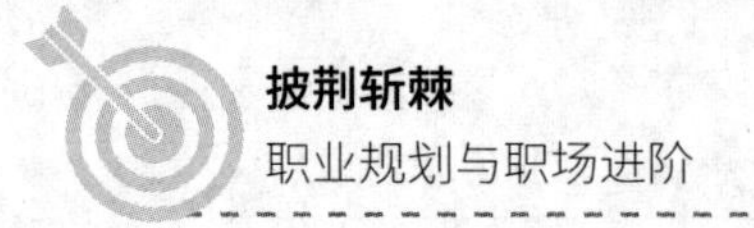

自负的模样，也莫要过分地贬低自我，自卑得抬不起头来。

在内在素养上，我们也应当从学识、心理、道德、能力等方面来恰当地认知自己，看一看在学识和道德品行方面，是否还和身边的人存在着一定的差距；在抗压和抗挫折方面，是否还需要进一步锻炼较强的心理承受能力。对照之后，有则改之，无则加勉，最终在众人面前呈现出一个最优秀的自我来。

不难看出，只有全面客观地了解自我，才能有助于我们放平心态，形成正确的择业观，一步一个脚印，早就业，就好业，在职场中稳步成长。

1.5 抓住机遇，及时调整与修正职业规划

在人生发展的路途中，有无数的机遇摆在我们的面前。聪明的人，在每一个机遇出现时，总是善于抓住稍纵即逝的机遇为己所用，而后顺势而为，实现自我华丽的转身与人生跨越。具体到职业发展与规划上面，如果我们能够牢牢把握住职业发展过程中难得的机遇，在职业规划上及时做出正确的调整与修正，在人生发展上往往就能够收到事半功倍的良好效果。

1.5.1 正确认识职业生涯规划

职业生涯发展规划，也叫作职业生涯设计，又可以简称为职业规划。简单地说，所谓的职业生涯规划，就是指建立在自我兴趣、能力、

人生理想和追求基础上的职业发展需求和职业目标实现。

然而一提到职业生涯规划，很多人就会一头雾水：职业就是职业，还有什么设计和规划吗？仔细观察，在现实生活中，抱着这种想法的人不在少数。因为在他们既有的认知中，只有职业，而没有什么职业生涯规划的概念。

正因如此，这些人就业时的想法很简单，上班了就代表着已经就业了，然后随波逐流地干下去，工作平稳，满足一日三餐能养家糊口就好。基于这样的理念，在这些人眼中，所谓的工作，就贪求一个稳定，上进心和良好的个人成长发展都是虚无缥缈的东西，眼前的利益才是关键。

如果当自身的工作岗位出现危机时，他们也会为自己寻找借口：这是大环境、大趋势所导致的，怪自己没有好运气，实在不行，重新找工作就是了。

显然，缺乏合理职业生涯规划的人，是社会发展中最容易被淘汰的那一部分人。缺乏职业规划，很容易埋没一个人的才华和潜能，使其在浑浑噩噩中度过一生。

反观那些善于进行职业生涯规划的人，他们往往能够不断地充实完善自我，一步一个台阶稳步前进，最终达到人生理想的顶峰。

战国时期的商鞅，就是一位善于进行职业生涯规划的大师。早年的商鞅就确立了自己一生的发展目标。喜爱刑名之学的他，下定决心要“志于学”，也就是在刑名法律上下功夫，进而做出一番大成就出来。为此他孜孜不倦地多方学习，把被秦国国君重用作为自己职业目标的奋斗方向。经过多年的努力，商鞅终于登上了秦国的政治舞台，发动了轰轰烈烈的“商鞅变法”，从而留名青史。

由此可见，在一个人的人生成长过程中，职业生涯规划至关重要。它决定着我们人生的高度和深度，也深深影响着我们工作和生活的质量。

1.5.2 职业生涯规划的现实性和必要性

在职业发展中，稳定的工作是人们心灵深处强烈的内在精神需求。然而在现实生活中，数十年如一日、一成不变的就业岗位，几乎已经成为一种奢望。在这个瞬息万变的现代社会中，我们的学识、专业知识和岗位技能，无时无刻不在发生着深刻的变化。高速发展的社会，在时刻不停地推着我们向前走。

也许在昨天，我们还是这个行业的佼佼者，以领军人物自称。但有可能在下一个瞬间，新技术革命的大爆发就将我们旧有的知识、经验和阅历认知全部覆盖，这时我们会惶恐地发现，自身的职业前景突然变得暗淡起来。面对源源不断的新生力量，我们会产生一种无所适从的挫败感，不知道该何去何从。

显然，社会的飞速发展，催促着我们要不断地加强自身专业技术知识的学习，以适应这个日新月异变化着的世界，这就是职业生涯规划现实性的体现。

在另一方面，也有一些有理想、有抱负、有着远大目标追求的人，他们在就业之后，突然发现自身所从事的职业与自我的兴趣、爱好、人生发展方向等方面有着较大的差距，为此他们苦恼万分，在工作中缺乏激情和动力，迫切想要改变现状，这就是职业生涯规划必要性的体现。

因此，我们都应该重视职业生涯规划和设计，一个合理、长期、科学的职业规划，有助于我们的职业生涯稳健、良好地发展下去。

1.5.3 抓住机遇，以修正与调整职业规划为契机，实现人生理想

法国著名微生物学家巴斯德曾说过这样一句话："机遇只偏爱那种有准备的头脑。"这句话，用在职业规划上也恰如其分。

作为个人来说，如何才能果断地抓住机遇，较好地调整职业规划呢？有一则哲理小故事很有教育和启发意义。在国外，人们发现了一处可以淘金的地点，最开始前去淘金的人也确实收获不菲。因此，越来越多的人加入了淘金大军。然而随着更多人的到来，小小的淘金场顿时不堪重负，收获急剧下降。

有一位年轻人，也曾是淘金大军中的一员。当他来到人山人海的淘金地点之后，不由得头疼万分，和如此多的竞争者抢夺有限的利益，实在是太难了。

不过这个小伙子非常聪明，也善于观察，他很快就发现了一个商机：淘金人数众多，缺乏食物和用水，为何自己不转变思路，成为他们食物和水的供给者呢？说干就干，小伙子果断地抓住了这一难得的机遇，很快收获颇丰。

这则小故事告诉人们，当机遇来临时，要果断出手抓住机遇，及时调整自我的职业规划，这样才能有更好的人生发展。

把握机遇，展翅飞翔

雨默因为家庭的原因，大专毕业后没有继续深造就踏入社会，在南方一家公司从事流水线的工作。枯燥单调的流水线，不是雨默想要的生活，也不符合她的职业发展方向。

虽然学历不高，不过雨默有一个优点就是非常爱学习。每天下班后，当同宿舍的其他人都去玩耍时，爱好读书写作的她，就一个人默默地刻苦读书。对于雨默这种表现，同宿舍的人没少嘲笑她。

一年之后，公司招聘宣传写作人员，雨默一看这正是自己兴趣爱好所在，于是果断地报名参选。凭借过硬的写作功底，雨默成功入选。在新的岗位上，雨默如鱼得水，工作起来也得心应手。公司领导看她机灵聪明，是可造之材，当有相关方面的培训时，也总是让雨默参加。

经过几年的历练，雨默逐渐成长起来，她先是担任公司董事办秘书，后又升任副总裁，从一名基层打工者华丽转身成为公司的高管，在未来的职业发展上，有了更为广阔的空间。这一切，显然都得益于当初雨默对机遇的把握和清晰的职业生涯规划目标。

1.6 端正心态，行行出状元

在实际工作与生活中，有些人出于自卑的心理，会对自身从事的职业产生轻视，认为自己在工作中常常被小事或琐事包围，难以很好地体现自我的人生价值，工作缺乏意义和激情。显然，抱有这种观点的人，其认知的出发点是错误的。我们需要明白的是，职业无高低贵贱之分，只有社会分工上的不同，只要端正心态，摆正态度，沉下心做好手边的工作，以“做精做细”的标准来严格要求自我，坚守赤诚之心，那么真金无论在哪里都会闪闪发光，行行也都会出“状元”。

1.6.1 天下大事，必作于细

中国有一句经典名言非常富有哲理：“不积跬步，无以至千里；不积小流，无以成江海。”这句话的意思是说，千里之行，始于足下，无论走多远的路途，都是一步一个脚印实实在在走出来的；江河湖海宽广无比，深不可测，其实也都是千万条小溪流汇聚而成。想要抬脚就能够成就千里之行，瞬间就能拥有汪洋大海的水量，显然如痴人说梦般不现实。

由此及彼，这个道理同样适用于我们从事的每一个职业岗位。天下大事，必作于细。唯有做小事，做好小事，才是成就大事的坚实基础。

北宋时期，毕昇只是京城附近一家印刷作坊的普通工人，日复一日地重复着文字印刷工作。

虽然工作很平凡，但毕昇却能做到十余年如一日的严格认真。在长期的工作实践中，毕昇不仅掌握了熟练的印刷技术，还产生了改造现有雕版印刷技术的念头。

为此，毕昇在工作之余，埋头研究分析，经过无数次的实践之后，他终于开创性地发明出了活字印刷，从而我国的印刷技术得到了飞跃式的发展。活字印刷术也和火药、指南针、造纸术一起，并称为中国古代四大发明之一，彪炳史册。

毕昇的励志人生告诉我们，职业生涯的平台只是起点，它没有终点。能够走多远，能够成就多大的事业，全在于我们自己。

生活中有些人常常抱怨没有一个良好的发展平台，所以才“明珠蒙尘”，大志难抒。显然，抱有这样的认知是错误的。我们需要明白的是，小事不为轻，每个时代都需要静下心来做小事的人。凭借坚定不移的信念、刻苦专注的钻研精神，恒定持久地坚持下去，普通人也能在平凡的领域发光出彩。

清代诗人袁枚在《苔》这首诗中曾这样写道："苔花如米小，也学牡丹开。"这两句话的意思是说，苔藓这种植物开出的花朵，虽然像米粒般那样大小，然而它们也依旧可以如牡丹一样盛开。

袁枚在这里告诉世人，不论我们置身于任何一种工作岗位上，只要能认认真真、踏踏实实地做好本职工作，同样能够活出人生的精彩，做出非凡的业绩，实现自我的人生价值。

1.6.2 让敬业成为一种习惯

在实际工作中，无论任何工作岗位，本身没有高低贵贱之分，只有是否认真对待工作的区别。树立良好的敬业理念，从身边的小事做起，并能持之以恒地坚持下去，自然就能够奏出属于自己人生最美丽的交响曲。

北宋时期，有一位名叫韩琦的年轻人。他一开始进入仕途时，只做了一个名叫左藏库监官的小官，从事着财务收支的工作。在同僚的眼中，这一官职职位低微不说，每天还被琐事、杂事缠身，根本得不到一点空闲。

为此许多朋友都劝说他，这份工作太累了，不如学会放松，对待工作过得去就行。韩琦听了，却一笑了之，依旧精细认真、兢兢业业地工作着。

一晃几年过去了，和韩琦一起做官的人，都得到了提升，可是韩琦却不以为意，坦然处之，在自己平凡的工作岗位上刻苦钻研，业务越发熟练，越发得心应手。

有一次，皇帝召见他，询问他对于财务收支这一块的看法。韩琦不慌不忙，提出了合理化的建议，每一条都切实可行。皇帝听了非常高兴，认为韩琦有真才实学，从此开始逐步提拔他。最后，韩琦凭借着这种认真细致和严谨踏实的工作态度，一步步走到了宰相的位置，成为北宋历史上的一代名臣。

韩琦人生成功的故事告诉我们，爱岗敬业，从最平凡处做起，干一行爱一行，爱一行专一行，踏踏实实沉下心来，一定能够在平凡的岗位上做出不平凡的成就来。

平凡岗位上如何才能出“状元”呢?

三百六十行，行行出状元。观察每一个行业里的佼佼者，分析他们取得优异成绩的共性不难发现，要想成为一名行业标兵，在平凡的岗位上做出出色的成绩，需要具备这样几种素养。

- 认真踏实，克服浮躁心理。无论在任何工作岗位，踏实肯干都是很重要的。只有脚踏实地，认真投入工作中，以点滴积累之功，才能真正掌握工作中的技术诀窍，为成为技术标兵打下坚实的基础。
- 富有激情。爱好和兴趣是做好工作的前提，一旦选定一种行业，就要拿出百倍的热情，接受它，认可它，爱上它。

只有拥有激情，才能让自我有十足的动力去钻研、去提升岗位知识技能。

- 不断地学习充电，紧跟时代步伐，时刻关注行业动向，在学习充电中不断地充实自己，提升自我，逐步成为其中的“专家型”人才。

第 2 章

初入职场，找准赛道，奠基成功人生

都说职场如赛场，事实也确实如此。在当今竞争激烈的多元化社会中，每一个初入职场的求职者，都希望能够找到一份心仪的工作，他们也为此做了充足完备的准备。然而很多时候，因为求职者没有找准适合自己的赛道，站错了位置，搭错了平台，造成了他们在职业发展的道路上“一步慢，步步慢”的被动局面，进而错失了大好的发展机会。因此，对于所有初入职场的新人而言，一定要找准自己最佳的赛道，然后全力向前，成就美好的人生。

2.1 进入职场，你准备好了吗?

在成人之际或是在毕业前夕，夜深人静时，你有没有静下心来问一问自己：工作，距离我还很遥远吗？职场，又究竟是什么样的呢？如果我即将成为一名求职者，都需要提前做好哪些准备工作呢？

2.1.1 职场中的竞争比你想象中的更激烈

也许对于很多人而言，所谓的职场，不过就是出门找一份工作那么简单。只要根据自己的求职需求，寻找适合自己的行业，然后和老板或面试官见面聊一聊就可以入职了。在这一部分人看来，整个求职过程不需要花费太多的时间和精力，合适就干，不合适就放弃，轻松

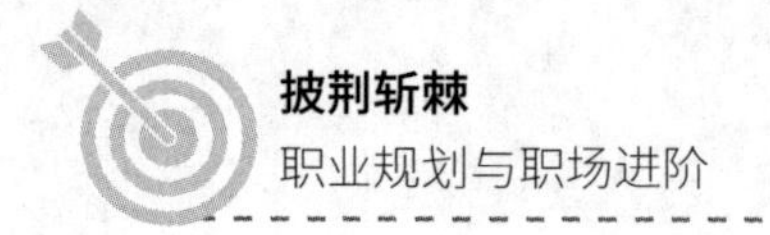

随意。然而，事实果真如此吗?

显然，抱有这种观点的人，在心理上轻视职场中的竞争激烈程度，自视过高，势必会让他们在求职的过程中碰一鼻子灰。

江阳在大学期间学的是机械自动化专业，获得了重点大学硕士学历。毕业之初，踌躇满志的他认为凭借自身过硬的专业知识素养，在社会上为自己谋取一份心仪的工作，不过是轻而易举的事情。但在几个月的求职过程中，现实给了他沉重的一击。兜兜转转之后，江阳始终未能寻找到适合自己的平台。

有一次求职经历让江阳印象非常深刻。他面试的这家公司属于行业翘楚级的存在，薪水、福利待遇和成长空间，都令江阳怦然心动，向往不已。谁知等他信心满满地投递了简历并当场面试之后，公司的人事部门主管却告诉他："很遗憾，这一次未能录用您，希望有机会再合作"。

江阳心有不甘，询问主管面试失败的原因。对方告诉江阳，虽然江阳的专业对口，各方面条件也符合公司需要，但像他这样的人才比比皆是。也就是说，在公司人才储备库中，很多人和他的条件是不相上下的，在这方面，江阳不具备竞争优势。如果江阳有专利技术或者有成功的项目开发经验，还相对具有竞争优势，不过就目前来说，江阳暂时并不具备这些优势，因此也就没能被录取。

这一次求职经历让江阳深刻认识到了职场的竞争激烈程度，想要找到满意的工作，绝非想象中那样简单。在未求职之前，自以为学历很值钱，专业也过硬，然而对于真正成熟的大公司来说，这些都是最基本的要求，比他优秀的大有人在。

2.1.2 进入职场，都需要做好哪些准备呢？

一个不可否认的事实是，当今社会的人才竞争日益激烈，高学历、热门专业等硬件条件，也已经不是无往而不胜的“利器”了。显然，想要入职一家心仪的公司，除了个人过硬的综合素养之外，还有很多方面需要我们求职者早做准备，多做准备，树立“不打无准备之仗”的从容心态。

首先，在心理上要做好充分准备，跳出以往的“舒适圈”，适应角色的转变。职场生活毕竟和“象牙塔”里的校园生活不同，它意味着我们在成人之后，开始踏入社会的大门，通过自身的脑力或体力来创造价值，逐步走向独立。因此，我们就要告别以往悠闲和舒适的生活，在心理上逐渐适应忙碌的职场状态，相信越努力越幸运的人生法则。

其次，树立自信、阳光的心态，勇敢地面对挫折和挑战。任何时候，自信、阳光的心态都很重要，这是树立个人强大信心的重要基石。对于职场而言，同样如此。入职前职位的激烈竞争，入职后职场中各种艰难挑战，都需要良好的心态来支撑，敢于竞争，勇于竞争，不要因为一时的挫折而丧失前行的勇气。

最后，争取机会多实习，为适应职场提前做准备。作为学生，在临近毕业之前，要尽可能地去寻找实习的机会，实习锻炼既是积累职场经验，也是对所学知识的实践考验。很多有实习经历的学生，在大公司招聘考核中往往具有极大的竞争优势。

机会总是留给有准备的人的。只有未雨绸缪，做好入职前的种种准备工作，我们才能胜券在握。

精英案例

机会总是留给有准备的人

专业过硬，成绩优秀，是进入职场不可或缺的关键因素。除此之外，想要从众多的求职者中脱颖而出，还要提前做足准备，将机会牢牢把握在自己的手中。

梅月是一所师范大学的应届毕业生，她的理想是站上三尺讲台，成为一名优秀的教师。为了心中的梦想，从上大学开始，梅月就努力学习专业课程。此外，她深知要想成为一名优秀的教师，才艺也不可或缺，因此自小就对钢琴感兴趣的她，特意在这方面下了很大的功夫，通过努力，大学四年，她的钢琴考过了八级。

毕业前夕，梅月通过了上海一所中学的笔试，顺利进入面试。当然，和她一起进入面试的求职者，一个个也都非常优秀，这让梅月没有必胜的把握。

在面试官要求进行个人介绍时，梅月说她钢琴考过了八级。面试官听了，脸上严肃的表情一下子松动了很多，要知道钢琴能够过八级，足以证明梅月拥有高超的钢琴演奏技艺。最后入职名单公布，梅月顺利成为其中的一名幸运儿。梅月高水平的钢琴技艺，代表她具有更高的人文素养，这也是校领导所看重的地方。

功在平时，多做准备，这样在求职时往往会带给我们不少加分权重，招聘方也更喜欢专业技术强而又拥有多种才艺的员工。这就是梅月的求职经历带给大家的启示。

2.2 职场敲门砖——简历

在应聘之时，看似一份小小的简历，却往往能够起到举足轻重的作用。很多时候，简历决定着你能否从海量的求职者中脱颖而出，也关系到你是否可以顺利进入面试环节，为自己谋取到一份心仪的工作。从这个意义上说，做好一份能够充分展示自我特长和优势的简历，对提升个人的求职成功率具有重要作用。

2.2.1 了解简历构成要素，是制作出色简历的重要前提

在现代社会中，简历是每个求职者求职必备的要素之一，如果没有简历，可能会被大多数公司的 HR（Human Resources，人力资源部）直接拒之门外，连获得面试的资格都没有，这就是简历重要作用的直

观体现。

总体来看，简历内容一般分为客观信息和主观信息。其中，客观信息又叫基础信息，主要包括我们个人的基本情况，如姓名、性别、年龄、家庭住址、政治面貌、学历专业、毕业时间、本人经历、荣誉获得情况以及必备的联系方式等。

这些个人的基本情况，能够让 HR 在最短的时间内对求职者有一个初步的大概印象。

简历内容的主观信息，主要包括个人的求职意向、自我介绍等方面。对于简历上需要填写的客观信息，没有太大的技巧可言，只要如实填写就可以。关键就在于简历的主观信息这一部分，个人的求职意向和自我介绍一定要有鲜明的特色，能够体现出求职者的各项优势，这是制作出色简历的核心点所在。

毋庸讳言，一份出色的、具有高反馈率的简历，才能起到“先声夺人”的良好效果，让 HR 看后眼前一亮，产生不错的印象。做到了这一点，我们进入面试并获得 offer 的概率才会直线上升。

2.2.2 如何才能写出一份“抓眼球”的好简历呢？

简历的填写是一门大学问。在和其他求职者条件相差不大的情况下，一份优秀、有亮点的简历，往往会让 HR 对我们“高看一眼”，使我们进入面试的概率大大提高。那么，如何才能写出一份好的简历来呢？

◆ 突出重点和优势

重点“布局”自我介绍部分，突出个人的优势和长项。对于主管招聘的人员来说，在应聘者学历大致相同的情况下，他们往往会更加注重求职者的自我介绍部分。因为这一部分才是应聘者更为内在的东西，比如我们有什么专长，过往的工作经历和业绩如何，是否拥有丰富的经验，等等。所以，相较于学历、所学专业等客观信息，自我介绍应该更为直观、具体一点，能够让 HR 从中寻找到他们期望看到的东西。

在填写自我介绍时，应聘者要着重强调个人的优势、特长、技能等内容，显示自我与众不同的地方，这样才能够较好地吸引住 HR 的眼球，促使他们尽快做出将我们列入面试名单的举动。

◆ 要有极强的针对性

我们要明白提交简历的目的是什么，显然是为了找到符合自我求职意向的工作。因此，在填写简历时，一定要针对意向岗位有重点地突出个人专长，这样才显示我们在求职时已经对岗位需求做了充分的研究分析。

比如应聘销售岗位，如果我们具有善于人际交往、业务能力强的强项，一定要将这一项作为重点来写，这才是 HR 最为关心的地方。

◆ 重视培训经历

不要忽视培训经历，这一点也是重要加分项。求职者如果有相关的培训经历，也一定要写在简历显眼的地方，以引起 HR 的关注。

一方面，拥有培训经历，是自我专业技能提升的重要证明，也是在工作期间得到原单位认可的一种体现；另一方面，有相关的培训经历，招聘单位也可以节省一部分人力资源培养成本，这自然也是能够打动 HR 的一个关键点。

简历制作，要朴实一点，真实一点

简历是职场的“敲门砖”，所以其重要性自然不言而喻。正因如此，有些求职者在填写简历时，过度地包装自己，“水分”太大，这样做，往往适得其反。明白了这一点，在具体填写简历时，请时刻记住朴实和真实两个方面。

- 简历不要过长，也不求多精美，短小精悍、朴实无华、重点突出才是关键。要知道对于 HR 来说，他们的精力是有限的，也有职业倦怠的微妙心理。一些大公司的 HR，每天都要审核数百份简历，平均分配给每一份简历的时间至多一两分钟而已，如果收到的简历篇幅过长而重点不突出，他们会随手将其抛在一边，失去了仔细阅读的兴趣。
- 适度赞美自己，切忌过度夸张。比如在个人优势、特长、专业技能等方面，应该实事求是，一是一，二是二，不要将自己不会的吹嘘成无比熟练精通的模样，否则即使进入面试，也会让面试官认定我们缺乏诚实的美德，必遭淘汰。

2.3 求职

求职是进入职场的第一步，也是相对较为关键的一步，选对了职业方向，并在求职中获得成功，也就意味着我们的职业生涯正式开始了。在实际求职过程中，如何尽快找到适合自己的岗位并获得面试官的认可，需要了解和掌握必要的求职途径和求职技巧。

2.3.1 多方位地了解求职渠道，扩大求职面

随着社会的发展，对于求职者来说，求职的渠道也越来越宽广，简单地划分，大致可分为现场求职、网络求职、职业经纪人（包括猎头）三大方面。

现场求职是大家最为熟悉的求职方式之一，也就是通过参加特定

的人才招聘会，以获得一定的岗位的求职模式。相对于网络求职，现场求职虽然显得较为传统一些，不过它也有自身不可忽视的优点。比如非常直观，能够实现零距离接触。求职者和面试官可以直接在现场沟通交流，双方通过交谈了解后，各自衡量对方是否自己心仪的对象。

伴随着新媒体网络技术的发展，网上求职逐渐成为一种较受欢迎的应聘渠道。网络求职有自身天然的便利性，求职者只需借助媒体与网络，就可以实现足不出户投递简历、获得面试官关注的目的。覆盖面广、方便快捷、及时高效是网络求职最大的优势。

网络求职主要有公司网站发布、特定的求职软件、政府人才网等几大类型。对于熟练使用现代传媒技术的年轻人而言，网络求职极大地满足了他们的求职需求。求职者随时随地都可以点开相关求职软件，完成在线注册和完善网上简历即可。

如果在浏览过程中发现有心仪的职位，网上简历可以一键多投，日后只要留心对方 HR 的信息反馈就可以了。

网络求职还有一个特殊的版本样式，那就是网络招聘会。有些大型现场招聘会，为了尽可能多方面地满足求职者的实际需要，还会在特定网站上专门开设相应的网络招聘会版面，作为对现场招聘会的一种有效补充，以供求职者随时查阅。

职业经纪人也是重要的求职方式。职业经纪人的性质类似于中介代理服务，在收取求职者一定的费用之后，职业经纪人能够帮助求职者快速对接岗位需求，在一定程度上能够节省求职者漫天撒网的时间和精力。

猎头是一种相对较为高端的求职方式，可以搭建求职者和公司招聘之间的一个沟通桥梁。

一般情况下，猎头需要或寻找的是行业内顶尖的优秀人才，因此其受众面较窄，不太适合大多数普通求职者的实际需要。

2.3.2 快速入职，求职技巧不可少

在现实生活中，有些求职者能够快速地找到适合自己的工作岗位，在第一时间成功入职；而另一部分求职者，多方投递简历，耗费了大量的时间精力，效果却并不明显。其中一个很大的原因，就在于求职者缺乏相应的求职技巧。

一是尽可能多地收藏招聘网站，多下载一些求职软件。网络求职的便捷性有目共睹，招聘网站和求职软件在其中扮演了重要角色。因此在求职时，如果需要网络求职，就要多在这方面下点功夫。每一个招聘网站或求职软件，都有自己的招聘资源，这对求职者来说，可供选择的余地也就大了很多，求职成功率也会直线上升。

二是要及时查看，及时联系招聘方。比如我们的简历投递出去后，就要每天登录网站查看更新状态，看是否有招聘方主动联系我们，一旦错过了面试机会，其他人自然就会捷足先登。

三是多留意求职城市的人事政策。有些应届毕业生想要去向往的城市工作，正确的做法，就是事先要多登录对应城市的政府人事网站，从中查看当地的人事政策、就业政策等相关内容，以提前做好准备工作。

求职，不给骗子机会

在求职过程中，经常会有求职者上当受骗，或被骗取一定的费用，或是白白浪费了自己的时间和精力，令人愤怒而又无奈。所以，无论是现场求职还是网络求职，都需要我们睁大眼睛，谨防骗子公司，不让对方有可乘之机。那么，骗子公司都有哪些特征呢?

- 常年招聘的公司或职位。从常识判断，一家公司常年招聘，不外乎两种情况，一种是待遇过低，留不住人才；第二种是以招聘为幌子，以缴纳押金、培训费、服装费等名义骗取求职者的金钱。遇到这一类公司，求职者一定要慎之又慎，对他们尽量避而远之。
- 薪资待遇超乎寻常，远远高于同行业的岗位报酬。对于这类招聘信息，求职者也切忌被“诱饵”迷惑了心智，提高警惕是第一要务。

2.4 面试

求职过程中，面试是至关重要的一环。相较于网投简历、电话沟通等求职联系交流方式，面试更为直观具体，也更考验求职者的知识素养、谈吐气质、应变能力等综合实力。能不能给面试官留下一个良好的印象，将决定着求职者能否击败其他竞争者，成功地跨过入职的“最后一道门槛”。

2.4.1 注重服装仪表：给面试官留下好印象

俗话说得好：“佛要金装，人要衣装。”整洁的服饰，合理的衣物搭配，干净清爽的仪表仪容，能够给面试官一个良好的直观印象。同时，恰当的着装，也可以在一定程度上弥补自身先天条件的不足，有助于提升个人的外在形象。因此，对于所有求职者来说，无论在任何面试场合，都要首先注重自身的服装仪表。

男士要注意头发一定要打理得爽爽利利，梳理整齐，切忌过长或乱蓬蓬的；脸部要保持清爽干净，尽量不留长胡须。衡量的标准，就是能够给人一种干练、爽朗、充满活力和朝气的感觉，杜绝暮气沉沉的邋遢形象。

在着装上，以正装为主，视觉上让人看着舒服得体。衣服的色调上，一般以深色为主，突出个人成熟稳重的一面。出门前，还应再三检查领口、袖口是否有油污或脱线等情况，如果穿皮鞋，要擦拭干净。

女士在妆容上，要以淡妆为第一，香水也应选用清香型的，不要给人浓妆艳抹的不良观感。如果留长发的话，前额的刘海不应超过眉毛。

着装上，女士的服装以整洁、大方、得体、清爽为第一。如果穿裙子，要注意裙子的长度，太长或太短都不合适。太长会带来行动上的不便，太短过于暴露，也不适宜面试这种场合。

女士身上佩戴的饰物，应当和身上的着装相搭配，不宜过多，适度即可。携带提包或背包的款式，不宜太过花哨。

2.4.2 面试环节的肢体语言：体现出对面试官的尊重

进入正式的面试环节后，除了个人基本的外在形象，我们的肢体语言，也往往是面试官最为看重的地方。态度端正，举止沉稳，无疑会获得对方的好感。

谈话礼仪是我们面试时需要格外留意的一个方面。与面试官交谈时，要落落大方，不卑不亢，无论是坐姿还是站姿，都应挺拔端正。当面试官询问我们问题时，眼睛要正视对方，切忌目光游移不定。

回答面试官的提问时，要声音洪亮、口齿清晰，避免出现神态慵懒、有气无力的模样。不要拿出一副满不在乎的态度，有人将这种行为看作自信的体现，实则上是对面试官的不尊重。

在说话时，适当的时候，也可以借助一定的手势来加强自我话语的力度。不过需要求职者注意的是，手势要合理适度，不要加一些无关的小动作。有的人一旦说到兴奋处，常会出现手舞足蹈、摇头晃脑等不合适的肢体动作，让人感觉无比轻浮，缺乏稳重感。所以，这一点要时刻提醒自己，如果有类似的问题，请努力克服。

面试是求职过程中无比重要的必经流程，无论是穿戴，还是谈吐举止，求职者都应加以重视，让面试官感受到我们求职的最大诚意，向对方表明“我才是最为合适的人选”。

面试三大忌

面试是决定我们能否入职的关键一环，很多求职者在穿戴仪表上都做了认真充分的准备，回答问题也是侃侃而谈，从容不迫，原以为胜券在握，谁知最终还是被面试官“一票否决”，其中的原因是什么呢？这就不得不了解面试环节的三大禁忌。

- 忌锋芒太盛。既然是求职，就应表现得谦虚、低调、沉稳、内敛。然而有些求职者，自我优越感非常强，言语中大有“指点江山”的气概，处处显示自己高人一等，这样一来，自然没法给面试官留下好印象，甚至令其产生厌恶情绪。
- 忌话痨模式，抓不住重点。既然是面试，面试官留给每个求职者的时间都不会太长，所以在自由发挥时，请抓住重点，简明扼要说明问题即可，不要长篇大论或离题万里。
- 忌炫耀频繁跳槽的经历。人往高处走，水往低处流，这本无可厚非，但有些求职者将频繁的跳槽作为一种资历和能力来炫耀，甚至故意贬低原单位，这自然会让面试官产生负面印象。

2.5 巧谈薪资

面试的时候，最担心面试官询问什么问题呢？对于很多求职者来说，薪资问题恐怕是他们最为担心的“灵魂之问”。很多时候，明明和面试官的沟通交流非常顺畅，然而当对方抛出薪资的问题时，面试的气氛就显得有些微妙了。薪资期望值较低，担心入职后吃亏；薪资期望值过高，又害怕被淘汰出局。这种矛盾纠结的心态，想必是大多数求职者都经历过的。那么在面试时，我们又该如何巧谈薪资呢？

2.5.1 薪资谈判：自卑和自负都要不得

薪资谈判，是面试过程中必不可少的一个环节。在现实职场中，求职者在薪资期望值上常犯两种错误：一个是太过自卑，为了顺利入职不惜自降身价；另一个是太过自负，高估了自身的价值，薪资要求过于离谱，从而被面试官拒之门外。

钟阳新入职了一家公司，刚高兴没几天，就又换上了一副愁眉不展的模样。相熟的朋友询问钟阳为什么找到了一份心仪的工作，情绪反而这么低落，难道是在工作中遇到什么难题了吗？

面对朋友的关心，钟阳这才道出实情。原来他在入职时，面试官询问他对薪资的要求，钟阳作为职场新人，在这方面没有什么丰富的经验，再加上他确实想尽快拿到这家公司的职位，于是就报了一个相对较低的薪资区间。

谁知等到他入职后，询问同事后才知道，像他这样的岗位，新人大多比他现在的薪资高了两千左右。钟阳听了自然是无比郁闷，也后悔万分，刚入职时的兴奋都消失了。

面试求职时，类似钟阳这样过于放低自身姿态的现象屡见不鲜，尤其是一些职场新人，认为不好意思张口和面试官谈钱，这种做法往往让自己入职后没有“后悔药”可吃。

然而也有部分求职者，和钟阳的做法完全相反。在薪资问题上，他们敢于“狮子大开口”，开出的价码远远超出面试官的心理底线，会让面试官产生反感心理，认为这种求职者眼高手低、华而不实。

2.5.2 巧谈薪资的技巧请记牢

面试遇到薪资问题时，自卑和自负都要不得，不亢不卑、有理有据才是最佳的应对策略。具体到实践层面，那么又该如何巧谈薪资，让自我的价值通过薪资待遇得到充分肯定呢？

◆ 把“皮球”踢给对方，让面试官开价

让面试官开出薪资待遇条件，是一种化被动为主动的方式。当求职者被问到薪资期望值时，可以委婉地反问对方：“据我了解，贵公司在薪酬制定方面，有一套完整丰富的薪资体系，能否为我讲解一下呢？”相信这样反问之后，面试官会详细地进行相关解释，求职者从中也能获得参考。

◆ 在合适的时机，亮出自己曾经的薪水，供对方参照衡量

这一点比较适合职场经历丰富的人士，他们报出过往的薪资水平，也就是亮出了自己的心理底牌。一般人们在拥有了更多的专业技能后，自然期望得到更好的薪资待遇，面试官如果认可应聘者的能力，自然也会开出不低于上一个岗位的薪资待遇。

作为求职者，我们必须清醒认识到的是，面试是一个双向选择的过程，不要把自我放在太卑微的位置，也不要羞于谈钱，要充满自信和胆量，相信自身的才能和价值，主动出击，巧妙灵活应对，进而掌握薪资问题谈判的主动权。

如何了解求职岗位的薪资区间？

对于求职者来说，巧谈薪资，前提是对求职岗位的薪资待遇有较为充分的了解，知己知彼，才能一击必胜。那么，如何才能掌握求职岗位的大致薪资范围呢？

- 可以通过职业圈，打探同行业、同岗位的薪资区间。
- 结合自己求职地区的实际情况，多方了解行业薪资水平。
- 事先登录求职公司的网站，从中了解他们开出的薪资条件。

对求职岗位的薪资待遇有了详尽的了解之后，在面试时要最大可能地凸显自我价值，让面试官认为你就是他们最需要的人才，做到了这一点，接下来的事情就水到渠成了。

2.6　成功度过试用期

面试通过，成功入职，并不意味着我们能顺利融入新的集体，完全适应陌生的职场环境，这里面还涉及一个试用期的问题。试用期并非走走过场而已，如果试用期表现不够优秀，那么被淘汰的概率就会极大。只有成功度过试用期，才算得上真正地步入职场之中。

2.6.1　态度端正，专注地投入工作，创造和谐人际关系

试用期，顾名思义，是用人单位对新入职员工的一段考察期。虽然经过了查看简历和面试等几个筛选过程，但是这些新入职员工的综合素养、性情和性格等方面究竟如何，是否能较好地融入团队之中，还是一个较大的未知数，这也是用人单位采取试用期方式来考察新人

的初衷。

明白了这一点，对于新入职的员工而言，首先要端正工作态度。正确的态度，是做好本职工作的思想前提，认认真真地立足本职岗位，专注地投入进去，无论手头的事情大小，都应拿出一丝不苟的精神去完成。

一些用人单位通常给处于试用期的新人安排的工作比较琐碎，有些新人会因此抱怨不休，认为这是用人单位对自己的一种轻视。实际上，这些琐碎的工作看似意义不大，然而很多时候，用人单位正是通过这些繁杂的工作来磨炼新人，是促使他们快速融入团队的一种方式。

工作态度端正之外，新入职的员工也要时刻注意处理好和团队成员的关系，拿出诚意和礼节，为自己创造和谐融洽的职场环境。

我们需要清醒地认识到，现代社会的职场，分工协作的协同度越来越高，工作的落实推动、项目的开发完成等，单凭自身的力量，很难高效率地完成。从这个意义上讲，处理好职场中的人际关系，和同事和谐相处，为自己创建愉快融洽的职场环境至关重要。

简言之，低调做人，高调做事，在工作中注重人际关系的处理与维护，虚心听取上级正确的意见与建议，服从命令听指挥，同事之间善于沟通，不咄咄逼人，不恃才自傲，才能在同事和上级领导心里留下一个好印象。

2.6.2 快速适应岗位要求，提升职业技能

进入职场之后，无论我们是职场新人，还是具有一定工作经验的职场老手，都应明白在一个全新的职场环境下，我们将会迎接新的挑战。

刚刚接触职场的新员工，要尽快熟悉本岗位的工作内容和职责，争取在较短的时间内可以独当一面，充分展现出个人自我价值的优势，为即将到来的转正打下坚实的基础。

对于有丰富职场经验的老员工来说，在进入另一个职场时，要注意到“赛道”已经发生了转换，工作模式和工作流程可能相对熟悉一点，然而潜在的困难和新的工作内容的变化，都要求这些职场老手拿出谦虚的姿态，摆正自我位置，用心学习，踏实工作，不能一直躺在过去的“勋章簿”上洋洋自得。

在信息化的今天，知识的迭代更新进一步加速，身处职场，只有持续不断地充电学习，充实自己的专业技能，才能够成功从试用期的重重考验中顺利突围，以过硬的专业素养、良好的个人道德品行，在新的工作单位中站稳脚跟，迅速让自己成长为其中的骨干和中坚力量，在新的征途中扬帆起航。

诚意是金，拼搏出彩

黄洋大学毕业后，进入了行业内一家排名靠前的公司工作。进入公司之初，黄洋就感受到了公司内部激烈的竞争氛围，和他同时期进入公司的几名同事，在高强度的工作压力之下，没有坚持多久就纷纷选择离职。

黄洋非常珍惜这一来之不易的机会，他不愿轻易说放弃。为了适应公司的工作节奏，还处在试用期的他搬离了原来租住的房子，选择在公司附近住了下来。每天黄洋都是第一个来公司报到，下午下班后，他还留在办公室抓紧时间学习，努力提高自己的业务技能。

有一次，他所在的部门承担了一个科研项目，黄洋也主动要求加入其中，每天都忙到很晚才下班休息。他的努力，部门经理都看在眼里，私下劝说他不要这么拼，毕竟他是一名新员工，公司对他的考核没有那么严格。

但黄洋不为所动，坚持和同事们一起共同推动项目前进。经过两个月的奋战，项目组成功攻克这一科研难题。在欢庆会上，黄洋也如愿以偿地收到了公司正式录用的通知书。

从黄洋的案例中不难看出，作为职场新人，他用努力拼搏的诚意，打动了公司领导，他的付出，也有了令人欣慰的回报。

第 3 章

职业续航，提升你的职业力

职业力，是一个人适应和胜任岗位工作要求的基本能力。想要在职场中生存下去，有一个良好的职业发展空间，就必然要求自我持续不断地提升职业能力，以匹配职场持续不断的发展变化。而想要提升个人的职业能力，也离不开持之以恒的职业续航行为，即始终让自我充满旺盛的求知欲，在规划好职业生涯、保持职业稳定的基础上，将自己打造成为一名从容不迫、游刃有余的“职场精英”。

3.1 了解你的职业价值

职业价值，又被称为职业营养价值。它指的是职场人士在从事一定的岗位工作时，所能够体现出来的自我价值。从职业价值的内涵来看，其又可分为职业产生的直接价值和间接价值。职业的直接价值，是职场人士在付出脑力或体力劳动之后，所能产生的直接劳动价值。职业的间接价值，是指在直接劳动价值之外，工作岗位所赋予职场人士的声望、名利、地位等各个方面的价值。

3.1.1 你的职业价值如何呢？

步入职场，经过一段时间的工作之后，头脑清晰的职场人士往往会对自身所从事的职业进行一个简单的回顾和总结，综合评定一下个

人的职业价值。具体来说，一个人的职业价值，可以从这样几个方面衡量测定。

◆ 工作中是否有学习、成长和进步的机会

工作的意义，不仅仅是通过付出劳动获得一份薪水，更为重要的是，在工作中能够得到学习成长的机会，能够不断地提升个人的工作能力和专业技能，能够得到进步和发展。

张翰从职业院校毕业后，通过校招进入了一家电子公司工作。按照张翰的想法，他之所以选择这样的一家公司，是希望能够结合自己在学校里学习到的知识，在专业对口的基础上，通过实践锻炼，进一步提升专业技能。

然而等到张翰进入公司，在工作了一段时间后，他发现自己的选择是错误的。因为从入职开始，张翰便被分配到了流水线上，负责机器零件的装配工作。从基层干起，这是大多数职场人士共同的工作经历，张翰对此也没有抱怨，而是踏踏实实地投入到工作之中。

谁知一晃半年的时间过去了，张翰始终在流水线的岗位上没有变动，每天都伴随着隆隆的机器声，日复一日地重复着简单枯燥的工作，这种工作模式让张翰倍感枯燥。当然，如果只是枯燥乏味的话，张翰还能忍受下去，关键问题是他入职了这么长时间，在知识技能的学习上一无所获，毫无长进。

静下心来的张翰仔细思索，认为这样持续工作下去不是长久之计，尽管每月的薪水还算可以，不过从长远来看，个人的职业能力得不到任何提升。想通了这一点的张翰，选择了果断辞职。在一番重新寻找之后，张翰入职了一家机械公司，从看图、设计学起，只要肯钻研努力，每天都会有进步。充实、有价值的工作，让张翰倍感欣慰，也为他当初第一时间辞掉原有的工作而庆幸。

张翰为什么选择跳槽？原因就在于他的第一份工作没有为他提供学习和成长的机会。虽然短期看薪酬尚可，但没有长久的发展，这也是张翰重新定位职业生涯的重要原因所在。

◆ 工作是否快乐，能否为自己带来丰厚的薪酬回报

从职业价值的内涵来看，判断职业价值高低的标准包括：能否让人从工作中得到学习和成长，不断提升个人的职业能力；当自己的专业技能和工作岗位相匹配时，每天是快乐工作，还是在压抑的气氛中度过；凭借自身的专业技能，能否通过这份工作获得丰厚的薪酬回报。如果答案都是肯定的话，那么这份职业的价值就颇具含金量，反之，其职业价值自然大打折扣。

王瑜从事的是程序开发工作，在积累了一定的专业技能和工作经验后，王瑜又来到一家同行业规模较大的公司工作。此时的王瑜已经三十多岁，他渴望的是拥有一份压力不是太大的工作，不要让精神太过焦虑。

但在工作了一段时间之后，王瑜发现这家公司虽然有着一定的规模实力，但是在管理上更为严格，各种业绩考核层出不穷，甚至每周都要进行排名评比。除此之外，还有很多和本职工作无关的培训、团

建等活动。原本希望能够在一个轻松愉快的职场环境中工作的王瑜，却发现这家公司的文化理念和自身的价值追求不相吻合。心态焦虑的他，在一年之后选择离职。之后，他根据自己的所长，创办了一家小型互联网公司，专业从事各类 App 的开发。

王瑜离职创业，就是因为在他经过评定之后，认为先前他所从事的工作让他丢失了很多快乐，所以他才宁愿冒着风险创业，也不愿再在原来的工作岗位上工作。

◆ 所从事的工作，能够带来名利地位或其他东西

思考职业价值时，还要看个人所从事的职业，能否给自己带来一定的名利地位，或者能否对他人或社会产生较大的影响。如果一份职业，让自己有荣誉感、成就感和满足感，显然这一职业就具有较高的价值。

杨深在一家社会福利机构工作。刚开始进入单位时，杨深并不是太看好这份工作，薪水不高，工作内容也比较琐碎，主要开展社会救济、福利分配等事务。杨深认为这样的工作谁都可以做，意义不大，因此一度有辞职走人的念头。

但工作了一段时间之后，杨深的观念渐渐地发生了改变，他无意中发现自己竟然喜爱上了这份工作。看到通过自己的工作，让很多低收入群体的生活有了切实的保障，而且还能帮助急需社会救济的人群，这让杨深从中收获到了满满的职业荣誉感，他感觉这才是社会上最有意义的工作之一。从此之后，杨深改变态度，全身心地投入工作中，

也受到了被帮助群众的一致好评。

工作中杨深前后态度的转变，其中起到巨大催化效用的正是他的这一份职业中所蕴含的社会价值，通过福利救助等方式，帮助了他人，贡献了社会，也充实了自我。这份职业所闪耀的荣誉光环，正是吸引杨深愿意安心工作的主要原因。

3.1.2 职业价值和职业价值观的辩证关系

一个人所从事的职业的薪酬回报高低、社会荣誉感的大小、学习成长机会的多少等，在很大程度上都深深影响着人们的职业价值观。这里的职业价值观，正是人们在充分认识职业价值大小、高低的基础上，在职业选择方面所体现出来的人生目标和人生追求。换句话说，也就是不同的人对于所从事职业意义的深化认识，从而进一步影响到人们的择业观念和就业取向。

职业价值和职业价值观两者之间的关系是一种相辅相成的辩证关系。从某种意义上说，职业价值决定着人们的职业价值观。职业价值大，含金量高，自然会吸引更多人的职业选择。因此，人们在就业时，首要考虑的也是所从事职业价值的高低大小，进而做出符合自我预期的判断。

明白了职业价值和职业价值观之间的辩证关系，那么如何才能找到符合自己职业价值观的工作呢？实际上，在具体求职时，我们先将自己的职业价值观一一列出来，按照重要程度分出先后次序，这样做，个人的职业选择范围就缩小了很多。

我们可以将个人的业务技能和工作经验一一列出，分别和上面先列出的职业价值观做对比，明确自身短期和长期的职业目标，进而从中优中选优，进一步缩小职业选择的范围，找到和自己工作经验或业务技能相符合的工作或岗位。

为何要树立职业价值观？

在人们的职业生涯发展规划上，我们往往需要做出这样的一个决断：是希望找到一份轻松的工作，还是想要一个薪酬丰厚的岗位？是想要获得事业上的长足发展，还是需要一份安稳的工作？这些会对我们择业和就业产生巨大影响的因素，最终都要归结到职业价值观上。

由此可见，职业价值观对人们择业和就业的影响无处不在，它不仅深深影响着人们的职业期望，还在很大程度上决定着人们对职业目标和职业方向的追求与选择，更在深层次上决定着职场人士日后的职业发展前景。只有树立清晰可见的职业价值观，个人在职业生涯中也才能稳步前进。

3.2 职业生涯管理

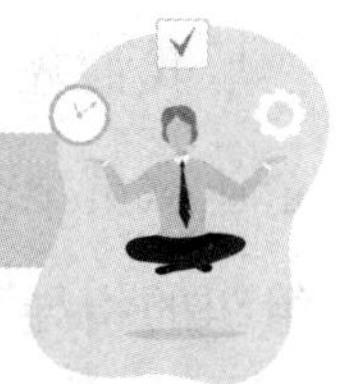

职业生涯管理在一个人的职业目标追求和职业发展上，有着巨大的作用。人们都希望在工作中实现自我价值，获得符合预期的薪酬回报，并在这样的一个基础上取得令自己满意的职业生涯发展，实现自己的愿望和追求，促进自身的不断完善。在这种职业愿景下，就需要正确合理地进行职业生涯管理，设计、规划自身职业发展的目标和计划，从而实现自己的目的。

3.2.1 不可或缺的组织职业生涯管理

在现代企业人力资源管理工作中，职业生涯管理工作显得尤为重要。从内容上看，职业生涯管理又分为组织管理和个人管理两个方面。

将组织管理和个人管理有机结合起来，既能对个人职业发展带来益处，也能对企业发展起到推动作用，是一个双赢的过程。

我们先来看组织职业生涯管理。组织职业生涯管理主要指的是企业从员工个人职业发展的需求出发，结合企业自身发展的实际，在组织的指导下，通过技能培训、业务学习等方式，帮助员工建立完善自身的职业生涯规划、实现职业目标，以达到提升员工工作积极性的目的。

此外，组织职业生涯管理的实施，也让企业得以完成自身的业绩和经营目标。简单来说，让员工能够快速成长，员工成长了，企业自然也就能从中受益了。

李辉是一家AI智能机器人公司的老总，这几年随着AI智能技术的蓬勃发展，李辉所在的智能产品开发领域也迎来了大好机遇，企业产品供不应求，业务订单也急剧增长。

对于李辉来说，业务大幅度增长自然是让他喜出望外的事情。为了多占领市场份额，李辉着手扩大企业规模，四处“招兵买马”。很快，企业中的技术人员从最初的二十来个增加到五十多个，普通员工的数量也翻了三倍不止。

员工多了，企业规模大了，外部订单状况又极其喜人，按照现在的发展格局，企业经济效益应当越来越好，但半年之后，李辉却发现了公司存在的一些问题。

一个是员工的工作积极性并不是太高，部分员工情绪低落，态度敷衍，还出现了员工流失现象；另一个是，从投入和产出比看，员工数量翻了两三倍，然而企业经济效益却没能随之成比例地增长。

为了弄清楚问题产生的原因，李辉和几名副总一起，带着人力资源部门的工作人员，通过重点谈话、问卷调查等方式，对全公司员工的思想状况开展了一次全面摸底工作。经过细致调查，李辉找到了问题的成因，其中的关键就在于公司没有对员工开展系统性的组织职业生涯管理工作。

原来公司规模扩大之后，技术人员的压力也越来越大。他们一方面要和同行业的技术开发部门竞争；另一方面，产品销售出去之后，又出现了技术支持工作繁重，技术梯队断代的问题。这些都让技术部门的员工压力大增，情绪上便有所影响了。

普通员工也是如此，在他们看来，企业订单红火，和他们关系不大，不仅如此，他们每天反而还要加班加点赶任务，内心也多有不满。

李辉很快总结出了公司存在的两大问题：一是缺失员工职业生涯管理工作，技术人员业务技能的提升遇到了瓶颈；二是公司在员工绩效考核、薪酬激励体系方面的建设工作滞后，企业文化没有跟进，导致员工没有清晰的职业发展愿景。

问题的原因找到了，解决的办法又在哪里呢？李辉和人力资源部门的员工商量之后，决定在公司内部加强组织职业生涯管理工作，成立专门的职业生涯规划领导小组。针对技术部门，制订详细的学习培训计划，建立完善公司内部技术导师制度和进修制度；针对普通员工，以改革公司薪酬激励体系为抓手，鼓励他们建立职业生涯目标规划。李辉还为此成立企业发展中心和咨询中心，一切围绕着员工职业目标发展与规划服务。

经过一系列改革之后，员工的自我认知和工作积极性得到了很大

的提升，职业目标也有了清晰的定位，企业管理工作也步入了正轨，困扰李辉的各类管理难题，也都在一定程度上得到了破解。

从李辉公司开展组织职业生涯管理工作的案例来看，企业的发展壮大，离不开对员工必要的职业生涯管理工作，同时这种管理工作，也反向稳定了员工的队伍，提升了员工的工作积极性，在推动员工个人职业成长的基础上，也让企业得到了实惠。

3.2.2 个人职业生涯管理也无比重要

除了组织职业生涯管理工作，个人职业生涯管理也极其重要。个人职业生涯管理，又常被称作自我职业生涯管理。它指的是建立在自身兴趣爱好、工作能力以及长远职业发展目标规划基础上的一种自我管理。如想要从事什么样的工作，职业前景是否光明，没有发展前途的职业又该如何应对调整等，这些都属于个人职业生涯管理范畴的内容。

对于每一位职场人士来说，提升个人竞争力，获取满意的薪酬回报，都离不开个人职业生涯的管理。通过一定的个人职业生涯管理工作，不仅能让自己在困难的工作面前提升控制力和解决能力，还能有效地实现自我价值，在职场中获得薪资、名望、地位的全面满足。

甘萍是国内一所著名财经大学的毕业生，她的职业发展目标是希望能够成为高级财务经理。因此，在毕业之际，甘萍多方投递简历，最后有两个职位令她格外心动。

一个是一家大型国有公司的财务主管职位，另一个是一家业内闻名的会计师事务所提供的岗位，两家单位都不错，究竟该选哪一个好呢?

甘萍经过一番仔细分析思索，又听取导师的建议后，最终决定入职会计师事务所。

其中的原因在于，会计师事务所有着完善的职业培训，职业前景广阔，和各类企业打交道，有助于提升甘萍的实战经验和职业技能，也有利于她职业目标的长远发展。等到甘萍真正成长起来后，从事高级财务经理工作也就不是什么难题了。

虽然那家国有公司的财务主管职位也比较对口，不过和会计事务所相比，业务内容相对单一，因此从个人职业长远发展来看，显然后者更适合甘萍。

从事教师行业的雪玲，则是另一番景象。雪玲在大学学的是师范专业，毕业后进入一所学校工作。雪玲的长处，是拥有真才实学，工作兢兢业业；她的短处是不善于言辞表达，控场能力弱，尤其是面对人多的场合，常会莫名的情绪紧张，思维逻辑一片混乱。

出于这样的原因，雪玲虽然在教学过程中非常努力，不过成效甚微，学生也多次反映听不懂雪玲讲授的课程。面对这种困境，雪玲自然十分苦恼，她想要换一份工作，但又不知道哪个行业更适合她。暗淡的职业现状，让雪玲时时矛盾纠结着。

从甘萍和雪玲两个人的职业发展案例中可以看出，对于个人职业生涯管理，找准个人的职业发展方向至关重要。在职业生涯管理规划上，一定要充分结合自我的兴趣爱好、能力特长、职业发展目标诉求以及行业发展前景等要素，进行恰当的自我定位，选准个人的职业方向，只有进行有效的职业管理规划，才能使未来自我的职业发展前途一片光明。

个人职业生涯管理，为何还需要组织管理的配合？

在传统的观念认知中，人们常常简单地认为职业生涯规划和管理工作，是个人单方面的事情，做好自我的职业定位即可，职业生涯一切都由自己安排负责，和组织无关。

但在现代职业生涯管理理念中，个人职业生涯管理工作和组织职业生涯管理工作同样重要，两者缺一不可。对于员工个人来说，自我职业生涯发展实际上是和企业人力资源的需求紧密结合在一起的，只有符合企业实际需要，个人职业发展前景才能更为广阔。对于企业来说，通过特定的组织职业生涯管理，能够有效调动员工的工作积极性，促使他们将个人职业发展目标和企业生产经营目标相联系，最终实现双赢的良好效果。

3.3 巧用工具与方法，不断提高职业能力

职场中，职业能力是最被用人单位所看重的能力。众所周知，在实际生活中，学历、文凭这些纸面上的东西，看不到，摸不着，难以衡量。而职业能力，是人们在工作过程中所具有的各种能力的综合体现，职业能力的高低，在很大程度上影响着人们履行岗位职责和完成工作任务的效率。

3.3.1 你了解职业能力吗?

谈到职业能力，一些职场人士常会简单地认为职业能力就是工作能力，两者之间是画等号的。实际上，这种认识是片面的，没能准确、全面地了解职业能力的本质内涵。

◆ 职业能力的三大构成要素

从要素构成上看，一个人的职业能力主要包含三大基本要素。

一是任职能力，也即个人能够胜任某一种具体工作或职业所具有的工作能力。举例来说，从事繁重体力劳动方面的工作，它对个体体力与身体素质有着较高的要求，身体健康、体格硬朗是首要条件，不然很难胜任这一方面的工作。

二是在进入职场之后，人们身上所体现出来的职业素质。如从事教学工作，在满足专业对口、普通话流利标准等基本职业能力条件之外，还需要从业者具备一定的教学组织、教学管理、教育效果评判等多种职业素质，这样才能更好地胜任教师这一职业。

三是在工作过程中所具有的职业生涯管理能力。简单地说，就是有着一定的职业发展目标，在职业生涯中不断提高自身的业务技能，以满足职场迭代快速发展的内在要求。

从构成要素角度来看，职业能力是一个人能否胜任本职工作、能否全面履行岗位职责的综合素养体现。

◆ 职业能力的三大类型

按照职业能力的广度和深度，其又可以进一步划分为一般职业能力、专业能力以及职业综合能力。

一般职业能力比较好理解，人们在从事某种职业时，所有职业人士都应具有的基本能力即为一般职业能力。比如正常的思维认知和判断能力，一般的认读能力，人际交往能力和较好的心理承受能力，这些都可以归入一般职业能力之内。

专业能力是对职场人士专业知识和业务技能方面的要求。如从事英语翻译工作，除了需要具备相应的等级证书之外，口语和笔译的功底也要非常扎实，否则就无法胜任岗位工作。

职业综合能力，内涵更深，它也可以看作一个人关键能力的体现，其既要求职场人士具备过硬的知识技能，也对人们的学习领悟能力、工作过程中表现出来的灵活应对能力、团队协作沟通能力、开拓创新能力，甚至个人的职业品德和素质修养，都有着较高的要求。

当然，在职场中，一个人的职业能力并不是恒定不变的。随着经验、阅历以及知识技能储备的增加，在具体的工作实践和学习培训中，人们的职业能力也会随之有相应的提升和强化，以更好地适应个人自身职业发展目标和职业生涯规划的需要。

3.3.2 提升职业能力的方法都有哪些呢？

现代社会的职场竞争无处不在，竞争的激烈程度也令众多职场人士压力倍增。想要在职场中站稳脚跟，始终立于不败之地，就必然要对自身的职业能力加以提升，确定有一个长期持续、系统性的规划。

此外，在信息化时代的今天，伴随着层出不穷的技术革新，知识的迭代更新越来越迅速，我们在学校里学习到的专业知识，也许在短短几年时间里，就落后于时代变革的要求，所以这也在客观上促使职

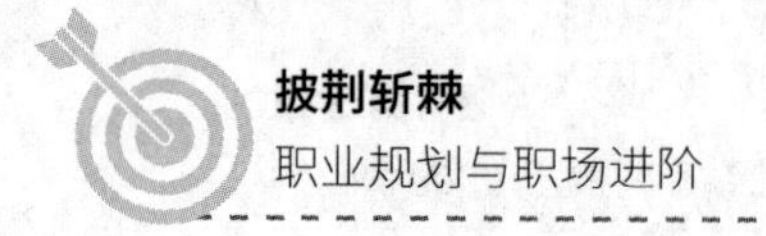

场人士要时时注重个人职业能力的提高。

提高个人的职业能力，离不开特定的工作实践，只有在实践中不断发展进步，我们的职业生涯发展才会更加稳固。在这里，有这样几个方法可供借鉴。

方法一：工作中多看、多听、多学、多请教。

进入职场后，书本上的理论知识，未必和工作实践紧密贴合，不论自己学历多高，都应抱着谦虚的姿态，多看、多听，仔细观察和揣摩工作要领；遇到不明白的地方，也应大大方方地多去向身边的同事、领导学习请教。

职场中，那些比我们先入职的同事、前辈们，有着丰富的经验和较多的阅历沉淀，他们身上有着很多我们值得学习借鉴的地方，唯有多学习、多请教，才能让个人的职业能力得以快速提升。

方法二：遇到难题多查阅资料，善于积累和总结；在困难面前坚持再坚持，提升能力突破瓶颈。

工作中，难免会遇到各种新的难题，有些难题可以通过查阅资料的方式得到解决。每次查阅之后，我们应做好记录，这样长时间的积累下去，就会有丰富的知识储备，这对个人职业能力的提升将会带来莫大的帮助。

在困难和挫折面前，也不要轻言放弃，而是要想尽办法，努力克服一切困难。只有不断突破自我，才能升华自我。相信每一个难题的攻克，每一次经验的总结反思，都能让个人职业能力提升的瓶颈有重大突破。

提升职业能力，铸就职业辉煌

徐鹏职高毕业后，进入一家机械公司工作，被分配到维修设备的钳工岗位上。

徐鹏非常珍惜这来之不易的工作机会，他知道自己学历低，文化水平方面是“硬伤”，设备的图纸、机器运转的原理说明书等一开始对于徐鹏来说，都如天书一般晦涩难懂。

好在徐鹏动手能力非常强，也勤奋好学，一有空闲就蹲在机器旁研究琢磨，遇到不懂的地方，他就跑去向同部门高水平的技师请教。

在工作实践中，徐鹏的维修技能得到了很大的提高，但他并不满足，一有机会就参加单位组织的学习培训，尤其是同行业的技能大赛，每次他都踊跃报名。在他看来，比赛名次不重要，关键是可以和同行业优秀的人才沟通交流，以达到取长补短的目的。

最近一次，徐鹏在全省钳工大赛中斩获个人一等奖。他能获得如此殊荣，正是多年如一日在职业技能提升上勤奋拼搏的结果。

第 4 章

职场礼仪，打造你的职场形象

衣着得体、精明干练的职场外在形象，沉稳从容、谈吐优雅的职场礼仪，是个人综合素养的全面体现。身处职场，要时刻注意个人良好职场形象的塑造，打造完美自我，这样不仅有助于拓宽个人职场发展的空间，还能推动自我人生事业跨步新的台阶。

4.1 关注你的仪容仪表与服饰

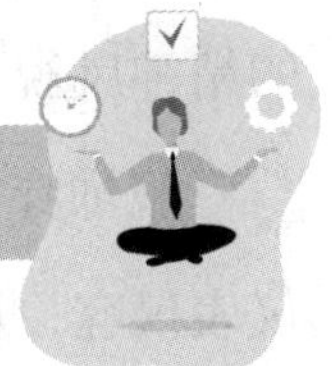

仪容、仪表和服饰穿戴，是一个人外在形象最基本、也最为直观的体现。外在形象得体，个人不仅看起来神清气爽、自信满满，同时也是对他人的一种尊重。与人相处时，给人以赏心悦目的舒适感受，在职场中的人际交往上，自然会提升不少“印象分”。

4.1.1 仪容仪表和服饰穿戴的几大要素

仪容仪表与服饰搭配，是职场礼仪中的重要组成部分。大体而言，其共分为七个方面，即整洁的容貌、得体的着装、长短合适的发型、谦和有礼的神态、合理的装饰以及正确的走姿与坐姿。

仪容主要是指一个人的外观形象，比如面部是否整洁，发型是否整齐等，它重在人的容貌干净程度，是他人眼中的直观形象体现。

相对于仪容，仪表更侧重于人的精神状态，有没有一个昂扬向上的精神风貌，它和仪容紧密结合，是我们外在风姿的体现。

服饰穿戴是指通过身上衣物的合理搭配和巧妙装饰，配合我们的仪表仪容，展现出职场人士的整体风采。

在职场社交活动中，仪表仪容和服饰穿戴等外在形象时时反映出个人的精神气度与品位内涵，是我们在社交活动中公共道德修养的完美展现。

“敬人者，人恒敬之。”注重个人形象，塑造良好的外在形象，也是对他人的一种尊重。当交往对象感受到了这种尊重之后，自然也会拿出尊重的姿态回应我们，这也是注重仪表仪容和服饰穿戴的一大重要功用。

4.1.2　男士、女士各自应注意的仪表仪容和服饰穿戴

对于男士而言，头发与胡须是一个人外在形象最为重要的一部分，邋里邋遢、不修边幅的模样，会让整个人的精神风貌显得萎靡颓废，给人以负面观感。因此，在头发与相应的发型上，男士应保持发型整齐、干净，长短适中；胡须旺盛的男士，每天早起也要勤刮胡须，确保面部干干净净。

对于女士来说，发型保持清爽即可，在职场中切忌把头发染成一些怪异的颜色；出席重要场合时，头发尽量要捆扎起来。

着装上，男士要以庄重实用为主。正式涉外活动，应首选正装，身上衣物的颜色要控制在三种以内，同时还应注意鞋子、腰带和公文包在色彩上的统一。

女士除职业装外，需要穿裙子时，要穿着宽度和长度适宜的裙子，不宜暴露。如果需要穿套裙，不要搭配露脚趾的鞋子。

在装饰上，无论男女，要遵循“以少为佳”的原则，能够衬托自身气质内涵即可。在装饰物的选择上，也要与自身的衣着打扮、身份地位相匹配，切记不要为了炫耀而佩戴过多的装饰物。

女士化妆，以“清丽雅致”为第一原则，适当淡妆，配合优雅的穿戴，反而能更好地彰显个人独特的气质与品位。浓妆艳抹，或者标新立异的梳妆打扮，反而适得其反。

良好的个人外在形象，会带给人美好的感受。当然，个人礼仪的养成和外在形象的提升，不是一朝一夕之功，需要职场人士在思想重视的基础上，长期坚持，这样才会取得好的效果。

服装穿戴搭配的三大要点

合理的服装穿戴与搭配，对提升个人良好的外在形象，展现自我文化修养与气质内涵，有着显而易见的促进作用。职场人士需要注意以下三个方面。

- 服饰的选择，颜色、款式、风格等，应符合自我的角色定位，什么性别穿什么衣服，不同的年龄段，选择颜色、式样时也要和相应的年龄段吻合。

- 遵循“扬长避短”的穿戴法则。每个人的身材高低胖瘦不一，在衣物选择上，要结合自身的特点来选取，力争让身形、气质的最大优势展现出来。比如，偏胖的人士忌穿太过紧身的服装。
- 尊重常规。对于职场人士来说，重要的场合，一般选取深色系，以庄重为主。色彩的搭配，要充分考虑个人仪表和场合环境等因素。

4.2 日常工作礼仪

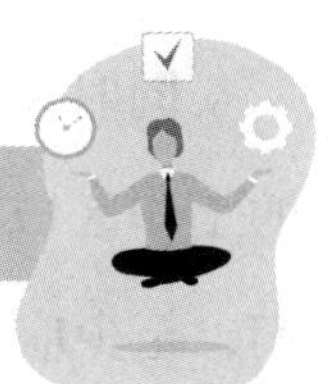

职场生涯中，不仅需要个人拥有出众的才华，同时也要求我们具备正确的职场礼仪，学会礼貌地与人沟通交流，在维护自身良好职业形象的基础上，迅速打开工作局面。在众多的职场礼仪规范中，我们首先应了解和掌握日常工作礼仪。

4.2.1 工作场所自我礼仪的细节要求

职场，是员工聚在一起工作的地方，绝非可以放飞自我的私人空间，因此在与团队成员相处的职场环境中，自我礼仪必不可少。

首先要按时上下班，不要出现迟到、早退的情况，并时刻保持办公工位的清洁卫生，文件档案放置应有条理。

工作中，早退、迟到是一种非常不礼貌的行为，没有人喜欢和这样的同事相处，所以在作息规律上，一定要严格要求自己。

同时，在工作场所，同事之间工位相连，每个人都保持干干净净的工作区域，才能营造出温馨整洁的办公环境。作为其中一分子的我们，至少应做到“自扫门前雪”，尤其是和工作无关的用品，要及时清理干净，这是个人最基本的素养和礼仪要求。

其次是不要携带有刺激性味道的物品或食物。办公场所，是同事们安心工作的地方，有刺激性味道的物品或食物，容易引起他人的不适，也会进一步造成自己和同事之间的小矛盾，这一点也应多加注意。

再者是和同事之间交谈，或者是接打电话、观看视频等时，都需要考虑到周围人的感受，尽量降低谈话或电话视频的音量。如果电话、视频和工作无关，应争取在三分钟之内处理完毕。

衣着穿戴上，要符合职场和工作环境要求，不能随心所欲，想穿什么就穿什么，这是对个人形象的一种损害，也是对他人的一种不尊重。

4.2.2 和同事、上级沟通交流的礼仪规范要求

和同事、上级相处，态度应和蔼谦虚，说话彬彬有礼，这些永远都是和他人相处最基本的礼仪。因此，在日常工作中，在言谈举止方面，我们要做到温文尔雅，懂得和同事之间融洽相处的礼节。比如早上见面时应主动向对方问好，一声礼貌的问候，能让对方的心里升腾

起一股暖意；或者是需要向同事求助时，微笑和礼貌的用语，可以让对方愉快地接受我们的要求。

和同事或上级谈话时，眼睛要正视对方，不要出现游移不定的情况。面部表情上，也应保持微笑，显示出对人的尊重。尤其在给领导汇报工作时，一定要保持坐姿端正，身板挺直，聆听领导指示时，避免出现双手交叉，或者身体来回晃动的现象。

职场中，有些人像是患上了“多动症”一般，很少能保持安安静静的状态，不是手脚乱动，就是东张西望，给人留下轻浮没礼貌的不良印象。

无论是同事还是上级，当他们在说话时，要保持倾听的状态，也就是少说多听，主要以聆听为主；遇到不同意见，也无须亮出大嗓门争论不休，心平气和地和对方沟通解释；特别是当对方讲得正起劲儿时，不要出言打断对方的讲话。

对待同事要做到一视同仁，不能厚此薄彼。有些人爱慕虚荣，眼里只有家境好、职位高的同事，看到他们热情无比；而对于不如自己的同事，一副爱理不理的模样。这种有差别地对待，是一种非常不礼貌的行为。

上下班，在乘坐电梯时，要时刻注意人员数目多少的问题。如果电梯里面人数较多，我们在进了电梯之后，主动向里面走，为后面的人尽可能地腾出空间；反过来，当我们处于最后的位置，看到电梯将要超员，就不要强行往里面挤。

除此之外，避免私下里谈论他人的隐私，不随意翻看他人的私人用品等，这些也是日常工作礼仪中需要重视的地方。

工作场所礼仪禁忌

礼仪不仅是一种品行修养，更是自我人格魅力的体现。在工作礼仪上，有这样几个禁忌，一定要铭记在心。

- 开会不关手机。开会关闭手机，或者是将手机调成震动模式，是职场基本礼仪要求，更是对他人的一种尊重。因此在会议场合，我们应保持手机静音，让会议不受干扰地进行下去。
- 背地里直呼老板或领导姓名。在工作场所，无论公开或背地里，称呼老板或领导的名号时，应以敬称为主，直呼姓名非常不礼貌。
- 占公家便宜。比如单位里的工作电话，不要当作私人电话使用。有些人以为占了一点小便宜，为此沾沾自喜，实质上这会严重影响自己的职场形象。

4.3 客户沟通、拜访

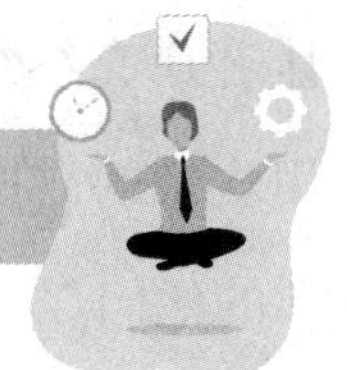

职场中，无论是拜访客户，或是接待客户，和对方进行良好的沟通交流，都是职场工作中非常重要的一环。掌握与客户之间的沟通、拜访礼仪，彼此形成良性互动，自然能极大助力我们在职场上取得成功。

4.3.1 和客户沟通礼仪

沟通，是表达思想和情感的重要方式，通过有礼有节的愉快沟通，能够给对方留下美好印象，这也为接下来的客户拜访奠定了良好的基础。

在现代社会中，在拜访客户之前，沟通主要以电话或视频的方式进行，如果是第一次和客户沟通，出于礼貌，应当以电话沟通为主。

电话接通时，第一声的问候非常重要，礼貌、热情的问候语，会让客户有继续听下去的兴趣。因此在开口时，先让自我调整好心情，用欢快的语调和对方交谈，相信我们好的情绪也会感染另一边接听电话的他们。

在具体问候时，如果对方是男士，可以说某某先生您好；知道对方职务的话，也不妨直接以张总、李主任等方式来称呼对方，以显示对客户的尊重。

女士的话，有职务就以职务相称；不清楚对方具体职务，可以用“姓＋女士”，如张女士、王女士来称呼对方。

和对方“打过招呼”之后，进入正式的沟通环节，我们应当简洁明了地说明这次电话沟通的主要目的是什么，或者是有什么需求，一定要让对方第一时间了解到我们的意图，切忌说话啰嗦、讲不到要点上，让客户失去继续沟通下去的欲望。

在沟通进行过程中，坐姿要端正。电话另一端的我们，是否有端正的坐姿，有经验的人士从声音谈吐中就可以大致判断出来。坐姿不正，声音慵懒，说话有气无力；坐姿端正，声音洪亮，语调听起来也亲切悦耳。

除坐姿端正外，电话沟通时，不应出现喝茶、抽烟或是吃零食等举动。尽管对方看不到，但这些举动产生的杂乱声音，有可能会被他们给捕捉到。这样会使客户认为自己不被尊重，沟通效果自然也就大打折扣了。

视频沟通，因为双方都能看到对方，更要注重个人的外在形象，通话时应让自己精神饱满，态度谦和，这两点一定不能忽视。

4.3.2 拜访客户礼仪规范

守时是第一。拜访客户时，除衣着整洁、提前详细了解客户的信息之外，按照约定时间准时拜访，是对客户最基本的尊重。

一般情况下，在事先约好的情况下，我们应比约定时间提前五到十分钟到达客户指定的地点，等待和对方见面。遇到特殊紧急情况，难以脱身，或者是路上交通堵塞，不能按时到达时，我们应第一时间和客户联系，说明迟到原因，并将自己预计到达的时间告诉对方，以让客户有一个心理准备，预先调整接待我们的来访计划。

到达客户的公司后，如果对方有助理或文员，应主动告知自己的姓名和来访时间，等待助理、文员及时给客户汇报，确定我们来访事宜。

在等待期间，应平心静气，保持安静。如果有单独的休息等待区，静下心来坐着等待即可；如果处于办公区域，更应保持安静，注意不要影响到其他人的工作。

有时客户临时有紧急的事情需要处理，暂时搁浅了接待我们的原定计划，倘若等待时间过长的话，可以礼貌地询问对方的接待人员，请他们找机会催一下；或者是重新商定时间，告诉他们下次再来拜访。

和客户正式见面时，主动打招呼向对方问好。这里需要区分的是，如果双方已经见过面了，握手致意即可；如果是第一次见面，应先做自我介绍。介绍时口齿清晰，声音洪亮，笑容温和，给对方留下良好的第一印象。

简单寒暄之后，应在最短的时间内切入正题，说出此次拜访的目的和诉求，不要谈论太多和主题无关的事情。确实需要增进彼此感情的话，可以另约时间吃饭喝茶，深入畅聊。

进入拜访主题之后，这时的我们应以倾听为主。多去倾听客户的话语，聆听他们的意见和建议。在倾听过程中，不要随意打断对方的话语，等到对方讲完之后，再表达个人的意见和想法。

和客户沟通交流时，有一个小细节需要注意，就是当客户给我们倒茶时，无论是否口渴，适当时候应礼貌性地品尝一口，这是从行动上表示对主人热情招待的一种认可。

需要我们“察言观色”的是，当注意到客户频繁查看时间，或有其他影响彼此交流沟通的面部微表情时，我们应及时主动提出结束这次拜访，并礼貌地感谢对方的盛情招待。

递名片大有学问

无论是拜访客户，还是客户来访，名片作为了解彼此基本信息的承载物，很多时候都是职场中相互交换的必备品。当我们在向客户递送名片的时候，双手拇指和食指分别捏住名片的两个角，保持名片文字内容的正面朝向对方，恭恭敬敬地递送过去。

接收名片时，也应伸出双手接过来，并在第一时间认真看一下名片上的信息，以表示对客户的尊重。双方谈话时，先不要急着将名片放进口袋里，正确的做法是放在桌面上，这也是对客户表示尊敬的一种表达方式。

4.4 商务接待、谈判

细节决定成败，具体到商务接待和谈判活动上也是如此，它需要人们充分了解和掌握其中的礼仪规范要求，在见面礼节、谈判技巧等方面做好充分的准备，给对方留下一个好印象，助力自我职场腾飞。

4.4.1 商务接待，真诚的礼仪是第一

商务接待，大多是建立在商业合作和商业谈判基础上的，也就是在与合作对象有了初步谈判和接洽的基础上，展开的一种商务接待礼仪。

在具体操作时，首先在接待前要做好充分的准备，详细了解来宾的基本情况，包括对方的性别、职务、级别以及人数等，为接下来的安排打好基础。

其次是分门别类地制定出周密的接待规格。客户不同，职务级别不同，也需要接待人员具体情况具体对待，分级制定出相应的接待规格，如宴请、住宿、参观游览等。这样做既可以提升接待效率，也能合理使用接待经费。

当客人到来后，作为东道主的我们，要主动从座位上站起来迎接对方，和对方握手问好。握手时，从对方主要人员开始，每一个人都要照顾到；握手时的力度要把握好，眼神要真诚，目视对方，态度亲切，让客人感受到我们的热情。

如果对方成员中有女士的话，我们作为男士一方，握手时不要太过用力；如果女方没有伸手，我们可点头示意，寒暄入座。入座后，要第一时间介绍我方参与接待的主要人员，让客户做到“心中有数”。

假如当时我们正在接听电话，应尽快挂掉电话，遇到实在不方便在短时间内结束通话的情况，应向对方点头示意表示歉意。通话结束后，第一时间向对方解释延误的原因，以谦和的态度赢得对方的理解。

客户和我们谈完工作离开时，送对方到门口，是接待礼仪中最基本的礼貌。如果自己工作实在繁忙，也可以请助理或文员送对方到门口。遇到重要客户，一定要亲自送出门外；如果需要乘坐电梯，也应随同对方一起坐电梯下楼。

电梯间虽然空间不大，但里面却蕴含着很多礼仪方面的知识。当客户拜访结束后，作为主人的我们，走到电梯间时，应疾步快行，提前为客户按下按钮，尽量缩短客户等待的时间；等电梯到达我们所在的楼层时，可以先一步进入电梯内，帮客户按住延迟关门键，请客户进入。

电梯关闭后，也应主动按下需要到达的楼层；到达目标楼层之后，当电梯门打开后，伸手做出请出的姿势，让客户先步行出电梯，引导客户前往目的地；分别时握手致意，目送客户离开，欢迎对方有时间再来拜访。

需要安排客户参观、住宿等事宜时，按照客户的人数、规格，做出相应的周密安排，并派出特定人员全程陪同，时时照顾好客户的用餐、居住和参观感受，让他们有“宾至如归”的满足感。

4.4.2 商务谈判，做到有的放矢，确保签约合作成功

商务活动中，商务谈判工作必不可少，而要想商务谈判取得成功，就要掌握一些基本的礼仪规范。

◆ 商务谈判前的准备工作

确定好商务谈判的事项之后，作为接待人员，我们应在最短的时间内提前布置好谈判会场。会场的布置，以舒适、大气为原则，比如谈判桌的选择，一般以长方形或椭圆形为主，这样方便主客双方主要人员按序就位。

在座位安排上，做好座签，标识清晰醒目。一般情况下，为体现出我们对客户的尊敬之情，往往会将门右手座位或对面座位让给对方人员就座，这是对客户尊重的体现。

◆ 商务谈判中的礼节

商务谈判开始后，要确保会场上气氛的和谐。当谈论涉及双方利益的重大问题时，作为主人的我们，不能因为急于求成而失去应有的风度和礼仪，而应是在遵守原则底线不让步的前提下，求大同，存小异，心平气和地和对方“讨价还价”。即使没有达成谈判协议，也要始终保持礼貌和风度。

◆ 谈判协议签约细节

当谈判完成，进入签约仪式时，主客双方参与商务谈判的所有人员都应受邀出席，彼此之间相互致意问好。在主签人之外，双方都应设立一名助签人，在助签人的指引下，协助主签人完成签约工作。签字环节结束之后，主客双方人员共同起立，鼓掌或握手庆贺。

精英案例

商务接待，周到热情很关键

楚飞是一家企业的办公室主任，负责公司行政事务。有一次公司的一个重要客户前来洽谈业务合作，恰恰公司老总和几位副总都出差在外，老总要求楚飞全力做好这次商务接待工作，也表示将尽快赶回来和客户见面。

楚飞对这次商务接待非常重视，一旦让对方满意，接下来签订合作协议就有极大可能。为此楚飞做了充分的准备，早早到机场迎接客户代表一行，并陪同他们来公司参观，还精心安排了午餐以示欢迎。

原以为这场商务接待很圆满，令楚飞没有想到的是，对方临时提出想要参观本地的一处博物馆，但不巧博物馆维修闭馆。此时，楚飞没有慌张，而是及时与客户沟通，并提出新的游览方案，最后客户十分满意。在接下来的几天，双方顺利地签订了合作协议。

从楚飞的案例中不难看出，商务接待也是一门大学问，仅有热情还不够，还需要周到细致、考虑全面，确保接待工作让客户满意。

4.5 宴请、观演、观赛礼仪

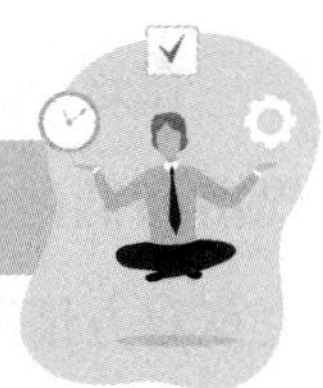

宴请、观演、观赛礼仪，也是职场礼仪中的重要部分，掌握这方面的礼仪规范，努力营造出“宾至如归”的融洽氛围，可以有效增加彼此的亲密度。

4.5.1 宴请方面的相关礼仪规范

作为一种有效的社交性活动，职场上的商务宴请非常普遍。通过宴请，不仅能够体现出我们对宾客的尊重和礼待，同时也能在宴请过程中增进彼此的感情。

在商务宴请前，主方要事先确定好宴请的规格、时间、地点等要素。在宴请规格上，如果规格过低，容易出现失礼的情况，这会使得宴请效果大打折扣；如果规格过高，则易造成不必要的浪费。那么，宴请的规格该如何界定呢?

在这一点上，应当以出席宴会的最高身份者为准，将其作为宴请规格高低的一个重要参考标准；同时结合宴请的人数、宴请的目的、主宾双方情况等要素，来最终制定宴请的规格和规模大小。

在宴请的菜谱安排上，菜品要做到丰富多样，充分考虑来宾的口味和饮食习惯等，这些都要我们提前做好相应的准备工作。

在席位安排上，如果人数和宴请的桌数过多，要在突出“主桌”位置的基础上，再按照“近为主，远为次，右为主，左为次”的原则，逐一排列下去。

宴请时，主方主动站在门口迎接，和宾客握手后，或将宾客迎入休息室暂时休息，或由人将宾客引导至宴会厅；宴会规模较大时，可安排主宾双方主要人员讲话致辞。

4.5.2 观演、观赛等活动的礼仪规范要求

观看演出活动，是一项较高的审美活动，无论我们是受邀方，还是邀请方，在观演时，请注意这样几个方面的礼仪规范要求。

在穿着方面，着装要适宜。男士衣服以深色系为主，呈现稳重、成熟的一面；女士衣物以大方、时尚为第一，彰显自我的优雅、大气一面。

需要提及的是，职场上的观演，出于尊重需要，在着装上切忌大

裤头、小背心，或者是穿着随意甚至穿着拖鞋出入，这是一种极其不礼貌的行为。

在观演前，应当提前十到十五分钟入场，按照主办方提供的座位号对号入座。倘若实在有事迟到，应主动向对方表示歉意，就近入座，或等到中场休息时再对号入座。

观演时，做到文明礼貌。在演出过程中，全程保持安静，做到不和身边人交头接耳，不随意走来走去，不吃零食等。当节目演出到高潮时，应适时鼓掌，以表达对邀请方和参演人员的敬意。演出结束后，有序退场，不大声喧哗。

观看比赛的礼仪规范，大致和观演的礼仪要求相同，不过也有几个小小的细节需要注意。比如在观看比赛时，我们可以适当地带上一些表达心意的标语牌，这些标语牌的制作以内容健康、尺寸合适为主。

在观看比赛过程中，要学会掌控自我情绪，自觉遵守公共道德。比如我们可以为喜爱的一方鼓掌叫好，但绝不能因为个人的偏好，出言辱骂不喜欢的一方，或是往场内投掷杂物。

如果受邀观看大型比赛，有升国旗、奏国歌的场景时，要主动起立致意，面向国旗的方向，肃穆致敬，切忌做出嬉笑或随意走动的举止。

宴请无小事，细节不可少

确定好宴请的规格高低和规模大小之后，有关宴请的时间和地点，也应当提前以口头或书面的形式通知被宴请的一方。口头邀请可以采取电话等方式；书面邀请，一般是发“请帖”或“便函”，上面写明时间、地点、目的、意义等要素。在文字要求上，做到简洁、精炼、准确无歧义。

这里有一个小细节是，出于礼貌，有关宴请的地点和时间，也可以咨询一下对方的意见，以方便对方为第一。如果对方没有提出额外的特殊要求，我们就可以将宴请的具体时间、地点提前告知他们，以便对方合理安排自己的时间，确保能准时赴宴。

4.6 涉外工作礼仪

职场礼仪中，涉外工作礼仪是重中之重，掌握相关的涉外礼仪知识，做好涉外礼仪工作，不仅有助于维护个人形象，展示自我素养和品味，同时也代表着本单位、本国家乃至本民族的基本形象，由不得半点马虎。

4.6.1 不亢不卑、自尊自爱是涉外工作的基本礼仪

从事涉外工作的职场人士，在开展相关活动时，一定要在心目中树立“不亢不卑”的基本原则，在尊重外宾的前提下，做到自尊自爱。

在开展相应的国际交往活动中，涉外工作人员应当清醒地认识到，自己的一言一行、一举一动，更多地代表着单位和国家、民族的形象，

这是一个有关大是大非的根本问题。明白了这一点，在具体开展工作时，我们的言行举止应从容得体、大大方方、热情有度，在外国人面前绝不能自卑懦弱，自轻自贱，过分自谦，更不能做出有损人格和国格的事情来。

但是，也有人过分夸大自尊自爱的概念内涵，认为既然强调自尊，就应该表现出一副孤傲的姿态来，显然这种看法是错误的。自尊自爱和狂妄自大、放肆嚣张之间有着本质的区别，我们不能将两者混为一谈。

4.6.2 入乡随俗，信守约定，这两点应时刻牢记

尊重他人，是社交活动的一大原则，这一原则同样适用于涉外场合。当我们和外国人交往时，要懂得尊重他们，其中最为主要的就是尊重对方的风俗习惯。

俗语说："十里不同俗，百里不同风。"在当今世界上，不同国家、不同地区和不同民族之间，因为历史和文化理念的不同，形成了各式各样的风俗习惯，有些风俗习惯之间存在着明显的差异。

明白了这一点，在和对方打交道时，一定要事先做好充足的"功课"，根据交往对象的不同，在了解他们各自风俗习惯的基础上，做到"入乡随俗"，确保整个交往活动不会触及对方的忌讳。在尊重对方的习俗的基础上，更容易增进彼此之间的交流和沟通，也就能塑造出亲善友好的合作氛围。

除此之外，涉外礼仪中，信守约定也极为重要，应做到一诺千金、

诚信如山。信守约定指的是言出必行，行必有果，严格遵守双方约定好的承诺，包括签订的口头或书面协议也必须得到始终如一的遵守。

倘若中间遇到非人力所能逆转的特殊变故，影响到双方之间的合作交流时，也应在第一时间向对方做出详细的解释说明，并表达我们真诚的歉意，以赢得对方的谅解与认可。

4.6.3 不同涉外人员的礼仪要求

◆ 涉外接待人员的礼仪要求

接待外宾时，要做到谦虚有礼貌，举止文明，态度和蔼，仪容仪表干净清爽，保持良好的精神状态。参加外事活动时，要有强烈的时间观念，按时赴会，不迟到不早退。

遇到一些和我们穿戴风俗不同的外国人，在公开场合，不要对他们有品头论足或嘲讽的举动；不要私下接受外宾赠送的礼物，更不能有主动索要的行为发生。

◆ 翻译人员礼仪要求

从事翻译工作的人员，对双方交流的话题应如实翻译，不能因为个人好恶而添加不实之词。遇到没有听清问题或翻译出现困难时，不能自以为是，不懂装懂，应主动说明情况，诚恳地请对方再重复一遍或给予更为详尽的说明。

◆ 涉外车辆驾驶人员应知的礼仪细节

从事涉外车辆驾驶的人员，应当具备过硬的驾驶技术，在参加涉外活动前，要事先做好车辆的保养工作，熟悉行驶路线，做到心中有数，确保万无一失。将外宾送达目的地之后，在未明确通知结束工作前，应人不离车，便于有特殊情况发生时，随时可供派遣。

尊重隐私很重要

在中国的文化理念下，国人对隐私事宜似乎不是太在意。平时见面聊天时，我们常会随口探问对方的工作收入情况、婚姻状况等个人问题，自认为这是拉近彼此交往距离的好话题。

然而在涉外活动中，隐私问题却是一个较为严肃的“大问题”，很多国家的人对个人隐私相当看重，轻易不会向外人透露，也厌恶他人探究的“猎奇心”。因此，在有关隐私事宜方面，如外国人的收入、支出、年龄大小、婚姻状况、家庭住址、个人经历等问题，都是严禁随意询问的。从事涉外工作时，相关人员对此一定要有清醒的认知，以规避这些隐私话题。

第 5 章

职场江湖，职场人际关系处理

职场中，人际关系的处理至关重要。如果说一个人工作能力的大小，决定着其能够站到怎样的一个位置上，那么其人际关系处理能力的强弱，将在很大程度上决定着他能否在职场中走得更远。换句话说，能力是职场生存的前提，而人际关系则是职场生存的基础。有能力而不注重维护人际关系，在前进路途中势必会“摔跟头”。

5.1 如何看待职场人际关系?

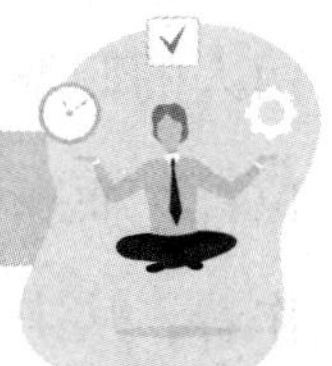

职场，是一个工作的场所，同时它更是一个社交聚合体。身处职场，不论我们是否在意人际关系的处理，但不可否认的是，职场人际关系始终是一个客观存在，任何人都难以绕过去，我们必须正视它，走近它，了解它。

5.1.1 做事和做人同等重要

如果有人要问，在职场中，是做事重要呢，还是做人重要呢？回答这个问题其实并不难，因为两者之间并不具有排斥性，也不是一个非此即彼的存在关系。仔细观察职场不难发现，做事和做人在个人的职业发展路途中同等重要。

楼白和寒秋通过社会招聘，同时进入一家公司工作。两人作为公司技术部的储备人才，学历、业务能力也相差无几，然而几年之后，两人的职场发展空间却大不相同。楼白一路坐上了公司技术部副总的位置，而寒秋却依旧踏步，在技术员的岗位上一直默默无闻地辛苦工作着，从来没有获得过任何的职务提升。造成这样巨大的反差，其中的原因又是什么呢?

原来，楼白善于处理人际关系，无论是和领导还是和同事，楼白都能相处融洽，说话做事恰到好处，因此进入公司不久，他就很快获得了同事们的一致认可，有了一个不错的人缘。

反观寒秋，则是另一副做派。在寒秋眼里，做好本职工作才是第一位的，至于人际关系，并非他重视的内容，他不愿在这方面投入过多的精力，也没心思去应付复杂的人际交往。每天来到公司的他，总是埋头钻研业务，刻意和同事保持距离。寒秋的表现，渐渐地让同事们对他也产生了看法，有人说寒秋这是一心扑在工作上，也有人认为寒秋性情孤僻，有点恃才自傲的味道。总之，将寒秋和楼白放在一起比较，同事们对楼白的肯定较多。

久而久之，领导观察两人之后，也更愿意和楼白相处；而且公司重大技术项目，由楼白牵头，各方面的关系和工作协调都能很好地处理到位，最后总能让领导满意。这样一来，楼白得到展现自我能力的机会越来越多，职场发展也是一年一个台阶，很快就当上了公司技术副总。而寒秋，不注重也不善于处理人际关系，依旧原地踏步不动。

从楼白和寒秋两人的案例中不难看出，在职场中，做事和做人同等重要，在专心做好事的同时，也不要刻意去忽略人际关系的维护和经营，毕竟在复杂的职场环境中，没有人可以生活在一个理想的真空环境中，处理人际关系也不容忽视。

5.1.2　注重人际关系的处理，但它不是全部

不可否认的是，职场中谁的社交能力强，谁会处理人际关系，经营好人脉资源，谁就能更快地脱颖而出，得到晋升，短短时间内便可以成为职场上的胜利者。

虽然如此，但我们也不能过分地夸大处理和维护人际关系的重要性。为什么要这样说呢？当我们去询问那些资深的职场人士便会发现，在他们的眼中，人际关系只是一个锦上添花的东西而并非全部。

当你有能力也会巧妙处理人际关系时，你的职场空间将会因此变得更加广阔，处处有贵人相助；反过来，当你只会花费大量时间和精力去维护人际关系，却不注重自身业务能力的提升时，你所认为的人际关系，并不能给你带来更大的益处和帮助。在很多外人眼里，你的这种善于处理人际关系的行为，会被贴上“刻意钻营”“溜须拍马”的标签，让人敬而远之。

尤其是对于那些刚刚进入职场的新人来说，学会处理人际关系固然重要，但更为根本的还是沉下心去努力钻研业务技能，不断地参加学习、培训，给自己“充电”和“镀金”。只有自我价值提升了，在一个集体内部，你才能游刃有余，站稳脚跟。

进一步说，在职场之中，做人和做事两者之间，我们要找准一个“度”，懂得“过犹不及”的道理。作为一般的职场人，学会和同事、领导维持融洽关系即可；如果走上中层领导岗位，就需要我们在人际关系处理方面，多投入一些精力与时间，协调好上下级关系，这也是做好管理工作的必然要求。

精英案例

善于处理人际关系的曾国藩

曾国藩是晚清重臣，在清廷大厦将倾时，他力挽狂澜，有力地促进了清末“同光中兴”局面的出现，堪称清朝后期的中流砥柱。

曾国藩作为一名读书人，能够名垂青史，做出一番大事业，和他善于处理人际关系有着莫大的关系。他常说“说人长每长一分，说人短每短一分”，在日常工作中，能够很好地做到对同事友善，对下属爱护。

比如左宗棠，性格孤傲，常常因为政见不同和曾国藩唱“对台戏”，曾国藩却从不计较，反而对左宗棠表现出非常欣赏的样子，遇到棘手的事情，还能虚心地向左宗棠请教。渐渐地，左宗棠对曾国藩的成见也就没有那么深了，反而掉回头努力帮助曾国藩。曾国藩所率领的湘军越打越勇，最终能成气候，就与他能妥善处理和左宗棠、胡林翼等同僚的人际关系密切相关。

5.2 如何与领导、同事相处？

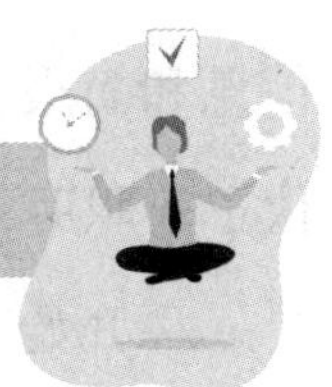

同事和领导，是职场人际关系中的两大主体，也是职场人际关系维护的主要对象。处理好和领导、同事之间的关系，里面蕴含着大学问。关系处理不好，小则影响个人心情，大则关系到我们职场的发展空间，因此不得不慎重处之。

5.2.1 学会尊重上级，给领导台阶下

职场中，领导作为我们的上级，既是我们工作的领导者，也是我们工作的重要支持者，赢得了领导的认可，各项工作的顺利推动才会有切实的保证；一旦冒犯了领导的权威，处处和领导作对，站在领导的对立面，很多时候会使得我们的工作陷入被动局面。

一个刚入职的小伙子，因为工作上的疏漏，和科长发生了较大的矛盾冲突。原来单位有一项例行的日常性工作，需要每天向上级报送信息和简报。这项工作没有什么难度，只是需要一份责任心即可。小伙子入职后，科长便把这项例行性工作交给他来做。

一开始还好，谁知没过几天，小伙子负责的工作便出现了问题。这天刚上班，上级单位直接打电话给科长，询问昨天的信息简报为何没有报送上来。科长一头雾水，将小伙子找来询问原因。小伙子不以为意，轻描淡写地说了一句："我有事给忘记了。"

科长一听急了，批评他说："这是单位日常例行性的工作，你怎么能够忘记呢？"

面对科长的批评，小伙子依旧意识不到自己的错误，继续顶撞说："这也不是什么大不了的事情，一天不上报，天塌不下来，你犯得着这样吗？"

两人就此爆发了激烈的争吵，虽然有同事在旁极力劝说，但双方依旧不欢而散。从此之后，科长处处针对这个小伙子，小伙子感觉难以在科室继续待下去了，只得申请调离。

从小伙子的所作所为来看，显然他缺乏和领导和谐相处的情商，不会很好地处理上下级之间的关系。一项工作重要与否，不是他自己可以做出决断的。上级安排下来的工作，一定要做好落实工作，保证不出差错。当面和领导顶撞，显示出他处理问题是非常不成熟的。

再者，退一步来说，即使是这项工作有问题，小伙子完全可以提出相应的建议或意见供领导参考，而不是随意停止工作的执行，从而给单位造成不良影响。况且在出了问题之后，第一时间道歉认错，满天乌云也就散去了，但小伙子偏偏“火上浇油”，拒不认错，反而振振有词，这种莽撞行为在职场中是一种大忌。

因此说，在职场中，学会尊重上级，遇到矛盾冲突时，主动给对方台阶下，这才是和领导相处的艺术，也是自我品行与素养的良好体现。

5.2.2 和同事相处，精诚合作，但也要保持一定的分寸和距离

职场中，同事是我们工作上朝夕相伴的合作对象，有一个良好和谐的同事关系，有助于个人工作的顺利开展。获得一个好人缘，职场发展的空间自然也会越来越广阔。

现代社会的职场环境下，需要各个部门之间的同事、团队内部成员相互团结、协作，在形成强大合力的基础上，朝着共同的目标奋勇前进，从而做出一番事业来。

由此可知，在一个团队内部，同事之间的利益诉求和目标导向是一致的，这也是他们相互之间可以展开精诚合作的前提，和同事之间保持这种和谐的合作关系，在共同进步的基础上，创造自我事业的辉煌。

但我们需要明白的是，在合作的同时，也应和同事保持一定的分寸和距离，这可以从两个方面来理解。

一是可以和同事保持亲密关系，但不能过分亲密，相处时要做到有分寸感、距离感。在职场中站稳脚跟，处理好同事关系是必须的，然而和同事相处，除了合作关系，还有竞争关系。所以，在职场环境中，无论人前人后，不要认为和一些同事关系好，就随意去谈论他人或自己的隐私，切记要管好自己的嘴。因为倘若涉及利益之争，有些同事可能会利用我们的这些隐私和缺点，达到攻击我们的目的。

二是敢于维护自我的正当权益。当自己做出一定成绩时，不要过分谦虚，该争则争。职场中，谁都想做出一些成绩给领导看，当这份成绩属于我们自己时，不能太过“实诚”，眼睁睁地看着功劳和成果让他人抢走，遇到这类问题时，要敢于站出来，维护自我的正当权益。

和领导、同事相处的四大黄金法则

学会和领导、同事相处，维护彼此之间的良好关系，是职场进阶的“重要法宝”。在这一点上，有这样四大黄金法则应谨记。

- 待人以诚。诚信、诚挚、诚恳，是一个人内心自发流露出的真实情感。以诚待人，才能换来他人的真情和真心，为我们赢得来自同事和领导的最大尊重。
- 待人以宽。和人相处，最忌斤斤计较，互不相让。没有一个开阔的胸襟，事事都以自己为中心，永远难以处理好和他人的关系。

- 学会分享。团队合作，重在分享，只有通过彼此之间的交流、沟通和思想碰撞，才能一步步推动工作的开展。反过来，不愿分享、不会分享的人，势必会成为“孤家寡人”，体会不到合作成功带来的喜悦。
- 乐于助人。乐于助人是一种美好的品德，当他人处于危难之中时，要有同情心、同理心，不去肆意嘲笑，更不去落井下石。这种优秀的品行，将极大拓宽我们的职场路径。

5.3 职场智慧，高情商沟通

都说职场如江湖，这是因为在职场内部，形形色色的人从五湖四海聚集到一起，形成了一种复杂的社会关系。只有认清这种社会关系，找准自己的角色定位，并扮演好自己的角色，用高情商来沟通交流，才能在错综复杂的职场环境中如鱼得水地生存下来。

5.3.1 和领导沟通，要多帮他解决问题

巧妙的说话技巧，是良好人际关系的“润滑剂”。和领导相处时，会说话，会沟通，做到“滴水不漏”，我们自然就能成为对方眼中值得信任的人。

比如领导让你帮忙捎带一些东西，花了几十元钱，东西买来后，

领导非要将钱转给我们，这时应当如何处理呢？

对一些人来说，这是一个两难的选择，收了，担心领导误会我们太小气；不收，又怕伤了领导面子，不可不谓左右为难。但如果我们学会沟通的技巧，那么这个问题也就不是问题了。

比如我们可以这样说：领导您太客气了，捎点东西不过是举手之劳，这点花费也不多，本来我不该收的，不过我担心领导下次有事，不愿再麻烦我，恭敬不如从命，那我就不客气了啊！

显然，这样的沟通技巧，领导听了心里舒服不说，自己也不必担心白白遭受“损失”，完美地将问题化解于无形。

由此可见，和领导沟通交流，需要高超的说话技巧，更需要我们拥有大智慧。职场中，掌握了这种技巧和智慧，我们就能给对方留下良好的印象。高情商的沟通，其中的关键与精髓，就在于要多站在领导的角度为他们考虑，多去解决问题，而不是制造问题。

很多职场人士不明白这样的道理，领导在布置工作时，他们常常会不由自主地去问：这件事情该怎么办？那件事情又该如何处理？好像没有领导的指令他们就寸步难行，缺少主心骨一般，看似对领导“言听计从”，根据指令不折不扣地去完成，实际上，领导并不喜欢这样的下属。

如果换一种思路，当领导布置某项工作时，我们可以提供多项解决思路，供领导参考选择，这种让领导省心的沟通智慧，必定能让对方对我们高看一眼。

举一个简单的例子，领导安排我们为客户订餐，这时我们可以在充分权衡考虑之后，列出中餐和西餐两种招待规格。可以这样建议：

中餐是本地特色，距离公司也较近，方便客户用餐；西餐气氛、环境很不错，楼下停车也比较方便。领导你认为选择哪一种较为合适呢？

每一个领导都喜欢这样的下属，能够积极思考，给出解决问题的方案，而不是一味等候指示，如果事事等待领导去指派，遇到问题又束手无策，不知如何去应对，不仅显得自己能力不足，也让人觉得是缺乏情商的表现。

5.3.2 和同事沟通，尊重平等是基础，多换位思考

同事之间，本来是平等的关系，有些人常喜欢以资历等因素故意压人一头，这也是缺乏高情商的体现。

正确的做法，在实际工作中，需要同事帮忙的话，要使用协商、请求的口气，而不是使用命令式的口吻。比如我们需要复印一份文件，恰恰自己手头工作比较忙，我们就可以这样说："麻烦您帮我复印一下好吗？谢谢您！"

这种说话语气，大家都容易接受，也乐意帮忙。反之，换上命令式的语气，像领导一样发号指令，遇到脾气耿直的同事，会让你当场难堪。

和同事高情商的沟通交流，不仅体现在尊重对方这一点上，还体现在换位思考上面。中国有句古话说得非常好："己所不欲，勿施于人。"自己讨厌他人不礼貌的沟通行为，为什么在对待他人时，也常常不自觉地缺少对他人的尊重呢？

东方朔巧劝汉武帝

汉武帝雄才大略，文治武功都颇有建树，不过和历史上很多皇帝的心理一样，他也幻想能够长生不老。

相传有一次，一名方士给他进献了一丸丹药，说这药服用后可与天地齐寿。汉武帝高兴坏了，但还没来得及吃，大臣东方朔就上前接过丹药自己先吞进了肚子里。汉武帝一看气坏了，当场要杀了东方朔。东方朔却不慌不忙，笑着说：小臣知罪。但假如陛下杀死臣子我，说明这药是假的；反过来，这药如果是真的，陛下就杀不了我。

汉武帝是个聪明人，他一听就知道这药不靠谱，世上没有什么长生不老药，也就笑笑不再追究东方朔的罪过了。

“以子之矛，攻子之盾。”东方朔高情商的沟通智慧，巧妙地让汉武帝认识到了自己的荒谬。如果直言进谏，扫了汉武帝的兴头，恐怕东方朔早就性命不保了。

5.4 高调做事，低调做人

老子在《道德经》中说："上善若水，水善利万物而不争。"职场生存的一大智慧，就是始终要秉持"高调做事，低调做人"的法则。勤勤恳恳，努力工作，将本职工作做好，做出成绩；而在做人上，则要保持谦虚低调的作风，不露锋芒，不与他人争长短。

5.4.1 高调做事，才能在职场中脱颖而出

职场中，对待本职工作，一定要秉持"高调做事"的法则。高调做事，代表着我们对待工作的一种态度和责任，更是一种做事精益求精、执着追求的精神和气度。做到了高调做事，在敬业精神的基础上努力奋发，我们才能一次比一次有进步，一次比一次更优秀。

雪影进入公司后，从事的第一份工作是下一线跑业务。对于拥有高学历的雪影来说，选择从最基本的业务做起，需要莫大的勇气。和她同时期进入公司的同事们，很多一听说被分到了业务岗位，都是一脸“苦相”，虽然也是每天到岗下基层寻找洽谈业务的客户，不过却是拿着混日子的态度，得过且过，做事一点都不认真。

反观雪影，她却将跑业务当成了锻炼自己的一个绝佳机会。每日里，无论高温酷暑，雪影都毫无怨言地下去拜访客户。一个月下来，她被晒得又黑又瘦。一些同事见状，就劝说她：“雪影，咱们何必这么认真呢？听说过了三个月的试用期，我们这一批招聘过来的员工，都会被调到办公室工作，做做样子就算了，干嘛那么认真，非要和自己过不去？再说了，我们这么高的学历，公司不把我们放在合适的岗位，这不是浪费人才吗？”

面对这些同事“善意”的劝说，雪影常常是一笑置之。三个月后，雪影接连拿下了多笔大额订单。她的出色表现，引起了公司老总的注意，认为像她这样能力优秀、又肯吃苦的年轻人，正是公司急需的人才，于是很快就将她提拔到销售总监的位置上。而和雪影同时期进入公司的员工们，大多数还在一线挣扎着，没有任何的进步。

从雪影的故事中不难看出，在实际工作中，职场人士一定要沉下心来高调做事，踏实肯干，认真负责，以持之以恒的工匠精神，将事情做精做细，这样才能在竞争激烈的职场中脱颖而出，在实干中实现自我价值和奋斗目标完美统一。

5.4.2 低调做人，是职场生存大智慧

高调做事，讲的是一种敬业精神，指的是对待工作的一种兢兢业业的踏实态度。在高调做事之外，我们还需要懂得“低调做人”这一职场生存大智慧。换言之，要想做好事，必须先学会如何做好人，会做人，做事也就事半功倍了。

三国时期，谋士许攸先是在袁绍手下做事，后来因为家人犯法被袁绍的手下逮捕，一怒之下转投到曹操身边。结果，他不负所望，帮助曹操出谋划策，在官渡之战中立下了汗马功劳。

许攸做事优秀，能力出众，然而在做人方面，却欠缺了很多。在许攸眼中，官渡之战的胜利，他居功至伟；尔后跟随曹操平定冀州，他也出力很多。渐渐地，他开始狂妄自大起来，在曹操面前，他经常目中无人，当着众人的面直呼曹操的小名，让曹操尴尬万分，又气又怒。最终，忍无可忍的曹操，采用借刀杀人的计谋，将许攸给除掉了。

许攸的人生结局固然令人惋惜，然而他不懂得“低调做人”的职场生存智慧，最后凄惨的下场也实属咎由自取。在复杂的职场环境中，想要站稳脚跟并受到领导的赏识和重用，一定要时时告诫自己：将高调做事和低调做人统一到一起，如此职场之路才能行稳致远。

“水低成海，人低成王。”职场中，最忌讳狂妄自大、自以为是，任何时候都应低调做人，那么如何才能做到这一点呢？

首先要在心态上保持低调。当你取得一定的工作成绩后，要压下恃才傲物的高傲之气，不要太过自满，要始终认为自己还有诸多不足，需要不断地去提高和改进。

其次是行为要低调，保持谦虚谨慎的行事作风。做事可以高调，但做人不可以张扬，保持谦虚的态度，克服自己身上骄矜的不良习气，学会以低姿态和同事相处。

最后是在言辞上保持低调。和同事相处，不去揭露他人的隐私，不去嘲笑他人的缺点，不去伤害他人的自尊，始终以君子彬彬有礼的谦和之风和对方相处，才有利于营造良好的人际关系。

5.5 冷静看待办公室恋情

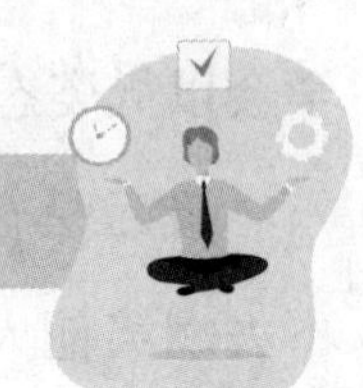

职场中，办公室恋情屡见不鲜。青年男女在一起工作共事，天长日久难免会擦出爱情的火花。然而，冷眼旁观，开头轰轰烈烈的办公室恋人，真正走到最后的又有几个呢？我们不反对青年男女的爱情，但希望你在投入地选择爱对方时，多一份冷静，多一份思考。

5.5.1 办公室恋情的是与非

职场中，男男女女同在一个办公环境中，朝夕相处，共同完成工作任务，这种先天性的“优越”条件，自然会让同事之间有着很多相同的话题和关注点。久而久之，彼此互有好感的男女，突然发现遇到了适合自己的另一半，爱情的火花在经意或不经意间迸发出来，心仪的双方走到一起，也就有了办公室恋情。

办公室恋情是爱情的一种形式，我们不能主观地指责其是对是错，要知道爱情是神圣和自由的，其他人无权干涉。然而，我们更需要明白的是，办公室恋情和其他恋情之间有着很大的不同，如果恋情的边界模糊不清，反而会给当事的双方带来痛苦。

晓洁大学毕业后，进入一家公司工作，不久，她就对同处一间办公室的晓东产生了好感。做事干练、儒雅帅气的晓东，在晓洁眼里正是她苦苦寻觅的“白马王子”，每次看到晓东，晓洁就会有心动的感觉，她知道自己遇到了爱情。

晓东一开始没有太注意晓洁，不过一段时间接触下来，晓东对知性优雅的晓洁也产生了好感。面对晓洁的主动追求，晓东也当即同意以恋人的身份和晓洁交往。然而，令晓洁意想不到的是，当她和晓东的办公室恋情公开后，却遭遇了很多的冷眼和讽刺。

原因很简单，晓东是部门经理，从职务上讲，他是晓洁的上司，由此一些同事就在私下里非议晓洁，说她爱情的动机不纯，攀上晓东，无非是为了升职加薪。晓洁听到这些同事的议论后，心里自然非常不舒服，她想要努力工作，通过自己的能力来证明她和晓东谈恋爱不是大家想象的那样。

然而，当晓洁在工作上取得了一定的进步后，同事们依旧指指点点，说这一切都是晓东暗中照顾的结果，要不然好项目怎么都轮到晓洁的头上呢？晓洁为此痛苦万分，也因此和晓东之间爆发了多次争吵。很多时候，晓洁都在思考，这份办公室恋情，还有持续下去的必要吗？

从晓洁和晓东两人恋情的遭遇中可以看出，在办公室这一特定场合下的恋情，存在着诸多“是非”，如果双方的边界不清，就可能在交往过程中因把握不好尺度而被同事非议，就会造成当事人无尽的痛苦。

退一步说，即使恋爱的双方不是上下级关系，但在其他同事眼中，这对恋人自然关系最深，利益一致，无形中会导致同事对他们的刻意疏远。

当然，办公室恋情也并非一无是处。对于职场中的青年男女来说，一份美妙的爱情，可以让双方在工作中协作同心，也更加珍惜这份安稳的工作生活状态，客观上自然能为公司创造出更大的价值。

5.5.2 在办公室恋情面前，要冷静再冷静

每一种办公室恋情背后，都有诸多是与非。比如有这样一种办公室恋情，两人爱着爱着厌倦了，最后分手了。然而双方还处在一个办公室之内，每天抬头不见低头见的，一想到这种局面，就知道有多么的尴尬了。

尤其是那些不以婚姻为目的的办公室恋情，更要承受同事的非议和指责。所以身处职场，当我们需要一份恋情，或者是遇到了一份令自己心动的恋情，在做出决定之前，要让自己理智一些，冷静再冷静之后再做出最终的决定。

比如，在爱情来临时，不妨问问自己：我是真的喜欢对方吗？我

能否将工作和恋情完美地分开，做到工作、恋爱两不误？遇到同事和恋人起了矛盾纷争时，我又该持一个什么立场呢？如果双方分手，我是继续在这家公司工作，还是申请调离呢？

由此可见，诸多现实因素，制约了办公室恋情的发展。即使两人真心相爱，也较好地解决了工作和爱情之间的关系，然而朝夕相处，工作在一起，生活在一起，时间长了，对方的优缺点都一清二楚，自己是否还会有当初那份热恋中的激情？又如何让这份爱情长久“保鲜”，一直持续走到婚姻的殿堂中呢？

现实职场中，办公室恋情开始容易，然而结束却非常令人纠结痛苦，因此在爱情来临之际，我们应当冷静对待，在衡量了多种利弊之后再做决定。

如何拒绝办公室恋情呢？

不是所有人都愿意有一段办公室恋情，尤其是当自己有了家室或男女朋友时，又该如何拒绝来自对方的示爱呢？

拒绝对方的示爱，也要根据对方的态度而定。如果对方确实以恋爱为目的，真心喜欢自己，而自己又不愿和对方产生恋情的话，就可以委婉地拒绝，或暗示自己已经有了家室或男女朋友，让对方知难而退。反之，当对方恋爱动机不纯，或仗着手中的职权以势压人时，就应当毫不客气地回击对方，明白无误地告诉对方离自己远一点，千万不能犹豫，或者有暧昧的成分出现。

5.6 职场竞争，提高工作效率和工作能力才是王道

职场竞争，拼的是实力和能力，这是职场生存的“王道”。在日常工作中，想要从众多优秀的同事中脱颖而出，就应不断地提升自我工作的能力，确保工作高效率地完成，如此才能立于不败之地。

5.6.1 提高工作效率，强化职场竞争力

有人的地方就有江湖，有人的地方处处存在着竞争，职场中亦是如此。在职场精英人士的眼中，踏步职场，就犹如步入了“竞技场”，置身其中的每一个人，想要从众多竞争者中崭露头角，就必然要提高工作效率，增强竞争力，为自己的未来而拼搏奋斗。

通过观察可以发现，有些职场人士在短短几年中快速地获得升职加薪；而另外一些人，看着也非常努力，却始终没有取得多大的成就，业绩平平，只能原地踏步不动。造成这种差别的很重要的一个原因，就是工作效率不同。

效率，是强化自我职场竞争力的“助推器”。拥有高效率，在很多时候可以先于竞争对手完成工作任务，事事时时领先一步，自然能获得上级的赏识与青睐。那么，如何才能让自我高效率地工作呢？

其一，掌握“二八法则”，确保主要任务优先。生活中任何一个人的精力都是有限的，时间也是有限的，如何将有限的精力和时间最优化呢？答案就是以“二八法则”为准则，也就是至少拿出自己百分之八十的精力和时间来完成主要任务，从最为重要的工作做起，其他次要的任务，不妨先放一放。

其二，开始做事之后，做到心无旁骛。从事任何一项工作，都怕心不在焉，精神不能高度集中，这样就不会有效率。所以，当我们认定了主要任务之后，就要全身心投入进去，心无杂念，全力以赴，高效地完成。

其三，多去积累经验。经验可以让我们少犯或不犯错误，不走弯路，效率自然也就提升了。所以，在实际工作中，每完成一项重要任务时，抽出时间复盘一下，总结里面可取的做法，沉淀经验，最终内化为高效的工作能力。

5.6.2 提高工作能力，立于不败之地

从工作效率和工作能力的关系来看，工作能力是工作效率提升的重要基础，没有超强的工作能力，即便想要高效率地工作，很多时候我们也会感到力不从心，所以说，提升工作能力是关键。在能力提升上，我们不妨从以下这两个方面入手。

◆ 努力学习，善于学习

在人的一生中，学习永远没有止境，身处职场，一方面要努力去学习，另一方面要善于学习，掌握学习的技巧和方法，在知识、技能得到积累和提高的基础上，提升自我的工作能力。

比如我们在工作中，可以向优秀的同事学习，学习他们的长处，规避自身存在的短处；遇到难度较大的专业技能挑战，虚心向能力强的同事请教，以弥补个人的短板与不足。如此长期坚持下去，必然会让自己变得更加优秀起来。

◆ 将实践锻炼作为提升工作能力的重要目标导向

人的能力不是与生俱来的，大多是后天学习锻炼的结果，通过实践不断地锻炼，对个人工作能力的提升有着显著的效果。

明白了这一点，在实际工作中，我们应当主动去寻求锻炼的机会。尤其是遇到疑难险重的工作任务时，更应主动挺身而出，走出舒适区，

拿出迎难而上的劲头，不怕犯错，更无惧挫折和困苦。

不言而喻的是，很多时候，伴随着难题的解决，我们的业务能力和工作水平将会得到极大的提升，越锻炼越优秀，最终成为单位中能够独当一面的骨干分子。

从小处入手，夯实业务技能基础

职场中，工作能力的提升，除了学习和勇于实践锻炼，很多微小的细节行为，对个人工作能力的提升也有着显著的效果。

有些事虽小，但一样可以锻炼人，也能起到考验一个人工作能力的作用。职场中很多看似无足轻重的小事情，不仅可以很好地去磨炼我们的意志力，也能有效地提升个人处理细节的能力。人们常说“小事见功夫”，就是这样的一个道理。工作中越是遇到琐碎繁杂的小事，我们越要沉住气，不慌不忙，冷静以对。当遇到大事时，这种良好的心态自然会令我们受用无穷。

所以，在实际工作中，我们在做每一件小事时，都要尽力将其做好，树立将小事做到极致的卓越思维，以此来培养自我的细节处理能力，最终由小及大，稳步提升个人的工作能力。

第 6 章

管理智慧，团队管理技巧与方法

在团队管理中，经常听到团队管理者这样抱怨：“为什么现在的团队越来越难带了？团队成员不听指挥，任务布置不下去，业绩目标完不成，真是愁人。”实际上，发出这种抱怨的团队管理者，是将团队管理不好的责任推到了团队成员身上，而没有从自己身上寻找原因，正因如此，缺乏团队管理智慧的他们，才怨天尤人，牢骚满腹。要知道，没有管不好的团队，只有不懂管理团队方法和技巧的“领头人”。只要懂得管理智慧，提升管理能力，一切管理难题都将迎刃而解。

6.1 没有人天生就是管理者

管理，看似是一种天赋，实则是一种实践技能。从实践中获得并掌握管理的精髓，自然就能成为一名优秀的管理者。

6.1.1 领导力是天生的吗？

谈到领导力，在很多人的认知中，管理者的领导能力是与生俱来的天赋，他们能在大庭广众之下侃侃而谈，拥有超强的控场能力；他们能够为团队指明发展的方向，在困难面前无所畏惧，具有强大的抗压能力；他们也总能发现常人所不能发现的问题，提前将风险和隐患扼杀于萌芽状态，灵活的应变能力令人叹服。

出于这样的认知，再对比自己，人们便不由感叹：领导力是天

生的，是一种与生俱来的天赋，不服不行。但事实果真如此吗？当然不是。

在这个世界上，没有人生来就具有高超的管理能力，他们之所以能够从普通人中脱颖而出，做一定的领导岗位，是因为，一方面，后天不断学习、持续提高自我能力的结果；另一方面，当他们被动地站在了领导者的位置上时，强烈的使命感和责任感，也促使他们义不容辞地担负起管理和带领团队前进的艰巨任务，披荆斩棘，从低谷攀登成功的顶峰。

被誉为“千古一帝”的秦始皇，刚登基的时候不过是一个年仅十几岁的少年，他接手的秦国，也面临着外部强大的压力，六国彼此联合，恨不能将秦国阻挡在函谷关外。在这样的一个局面下，少年嬴政审时度势，将外交活动和军事行动完美地结合在一起，最终“扫六合，吞八荒”，实现了他一统华夏的终极梦想。

开创大汉王朝的刘邦，最初不过是乡野一籍籍无名之辈，但在秦末乱世，他敢于破局，抓住有利时机，手下聚合了萧何、张良、韩信、樊哙等一大批文臣武将。此时的他，也自嘲“文不如萧何，武不如韩信”，然而他却能以强大的人格魅力，带领这支队伍纵横四海，一举实现了击败西楚霸王、问鼎天下的宏图伟业。

古往今来的无数史实告诉我们，领导力并非天生的，后天的学习、磨炼、提升才是至关重要的因素。妄自菲薄、不自信是阻碍我们成为领导者最大的“拦路虎”。

6.1.2 在实践中不断提升领导能力

没有人天生就是管理者，生来就具有超强的领导力，他们之所以能够站在管理者的位置上，带领团队成员拼搏进取，是因为他们通过持续不断的后天学习，在学习中提升自我，进而成长为一名合格的管理者。

张韬原先在一家小型房地产公司工作，一年多后，积累了一定销售经验的他，跳槽到了一家相对较大的同行业公司工作。

也许领导认为张韬有一定的行业从业经验，他来了之后，直接分给他一个十几人的小团队。对于领导的这种安排，一开始张韬的内心是有些抗拒的，性格相对内向的他，对能否胜任团队管理者角色没有信心，认为这是“赶鸭子上架”。不过面对领导的信任和鼓励，张韬也只能硬着头皮试一试。

从上任第一天起，张韬就暗暗要求自己，一方面向其他团队管理者学习，另一方面严格要求自己，因为他深知，想要管理好下属，必须首先管理好自己。

每天上班，张韬总是第一个到，下班后，也是走得最晚的一个。团队遇到棘手的问题时，他和大家一起研究分析对策；团队士气低落时，他通过分享励志案例鼓舞大家的干劲儿。不知不觉间，张韬逐渐习惯了团队管理者的角色，在年度表彰中，他带领的团队荣获“优秀团队”的光荣称号。

管理能力是可以从实践中得到的，张韬从最初的不会管理、畏惧管理，到最后能够胜任管理岗位，前后巨大的反差变化，也正充分证明了管理不是与生俱来的天赋一说。后天的学习提升，在实践中摸索探究，才是至关重要的。

合格管理者的三大要素

作为管理者，应当能从复杂严峻的局面中看到希望，也能够在大家充满希望的时候洞察潜在的危机。所以，评判一个人是不是一名合格的管理者，就看他的身上是否具备“理想、担当和正能量”三大素养。

具体来说，理想是指对团队发展目标的指引，让团队成员始终能够士气高涨，充满拼搏的激情。担当是管理者责任感的体现，甘于奉献，勇挑重担。正能量是指管理者的心态端正，磊落光明，堂堂正正，做事公允。具备了这三者，成为一名优秀的管理者，打造一支优秀的团队并不是太难的事。

6.2 作为管理层，你将面临哪些挑战？

身处管理岗位，想要管理好一大群性格各异、秉性不同的下属，将他们很好地聚拢在一起，为实现共同的团队目标而努力，自然要面临诸多困难与挑战，这也是每个团队管理者必经的磨炼和考验。

6.2.1 时间问题

职场上，经常会听到某些团队的负责人抱怨："管理工作真的是太难做了，每天早上来到公司，下面的员工一件事情接着一件事情来找我，事事都需要我详细交代，一旦疏漏了某件事情，说不定就会引起严重的连锁反应，问题将会一个接着一个出现。除此之外，还要分出一部分精力，给上级领导请示汇报，一点属于自己的空闲时间都没有，整天忙得焦头烂额，喝杯水、喘口气都觉得奢侈。”

事实上，这些团队负责人的抱怨，在实际工作中屡见不鲜。当他们做到了管理层的职位时，会突然发现：真正属于自己的时间消失了，时时处处都需要为每一个团队成员考虑，有一点精力和时间，还需要分出来应付上级领导，很少有空闲时间去完成需要自己去亲自处理的工作。

显然，管理层没有真正属于自己的时间，是他们在这一岗位上所面临的第一个挑战。

6.2.2 计划外的工作变化层出不穷

管理一支团队，每一个管理者都希望按照一定的工作计划开展下去。今天需要做什么，由哪些团队成员去做，最后完成到什么程度等，只要能够按照一定的计划安排执行下去，管理工作似乎也并不是太难。

然而，现实和理想中的预期相差甚远，每天都会有很多计划外的工作出现，这让管理层不得不额外分出一部分精力去应对。比如，上级临时增加了一项重要工作，必须在规定的时间内完成；原本定岗定额的人员数量刚刚够，又有几名员工有急事需要处理，提出请假要求，管理层只得重新给各个岗位分配人手。凡此种种，当你坐上了管理者的职位之后，会发现计划外的变化才是工作的常态，也是必须要面临并全力应对的挑战。

6.2.3 无处不在的沟通，成为影响管理者管理水平的一个重要参考值

职场中，项目的完成、工作上的配合，都需要和同事、上下级之间沟通与交流，单打独斗、完全封闭工作状态，很难在现代职场环境中立足。而当成为管理者之后，我们会发现，沟通会变得更加频繁，和同事沟通，协调和上级的关系，联系外部事宜等，沟通无处不在。

反过来，一个管理者如果不会沟通，拒绝或抵触沟通，那么他自身所担负的管理工作将面临无法开展的困境，只有主动去协调各方面的关系，才能确保团队工作顺利地开展下去。所以，敢不敢沟通，会不会沟通，成了考核一名管理者是否合格的重要参考标准。

6.2.4 目光既要关注团队内部，还应投射到团队外部

一些管理者认为，拿出全部精力，将团队内部的事务管理得当，就算是一名合格的管理者了。而事实上，在现代职场中，作为管理者，不仅要管好团队内部的事情，还要分出大半精力，将目光投射到团队外部。

为什么这样说呢？举一个简单的例子，假如我们负责的是市场业务部门，作为部门经理，除了管理好本部门的事务之外，还要重点关注销售订单问题。也就是说，在管好本部门事务的基础上，只有拿来

更多的订单，才能证明我们的管理是有效和成功的。反之，没有订单的市场业务部门，内部管理得再好，也毫无成绩可言。

研发技术部门也是如此，产品销售出去，得到客户的认可，这才是根本；失去客户认同基础的研发部门，管理者无疑是失败的。

在挑战中完成管理工作

罗宇是一家制造企业技术部门的经理，他上任之初，缺乏管理经验，每天都因为下属各种层出不穷的问题而焦头烂额，管理工作始终抓不住重点，这让罗宇苦恼万分。

公司老板看到罗宇的管理工作抓不住要点时，在一次谈话中，语重心长地提醒他说："作为管理者，个人能力再优秀，也不应事事亲力亲为，帮助员工获得成长才是合格管理者应做的事情。"

老总的一句话，让罗宇醍醐灌顶。从此之后，在管理工作上，他时时鼓励和激发下属发挥主观能动性，除原则问题与必要问题外，小事、杂事无须汇报请示。如此一来，罗宇的工作负担大大减轻，他也得以拥有了更多的时间和精力去抓主要问题，整个团队的管理效率得到了显著的提升。

6.3 不得不知的领导力法则

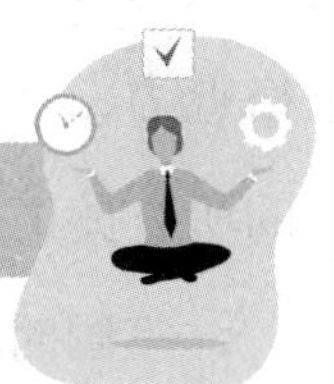

管理需要智慧和技巧，管理也需要管理者具备卓越的管理能力，这里面就涉及一个领导力法则的问题。懂得领导力法则，管理者在管理工作中自然就能很好地把握重点，激发团队活力，高效率地完成目标任务。

6.3.1 影响力法则

管理者领导力的提升，需要了解和掌握各类领导力法则，按照法则去规范和指导自身的管理工作，自然就能收到显著的效果。其中，对管理者领导力提升起到重大推进作用的影响力法则值得重视。

所谓的影响力法则，是指一个人领导力的大小和他所具有的影响力之间存在着正比关系。自身影响力大，个人的领导力也就水涨船高。换句话说，一名合格的管理者，总是能够充分利用自身的影响力和人格魅力，让其发挥作用，进而产生强大的磁力，牢牢吸引和团结手下的所有员工，为共同的团队目标持续不懈地努力。

三国时期的刘备，就是善于运用个人影响力来提升其领导力的典范。他一方面打着“汉室宗亲”的旗号，以“刘皇叔”自居，吸引了一大批忠于汉室人的追随；另一方面，他广施仁政、爱护百姓的仁义之举让他声名远播，不断扩大自身的影响力。这也使得他能够在风云激荡的东汉末年打出一片基业，促成三国鼎立局面的形成。

6.3.2 尊重法则

尊重法则在这里有两层含义，其一是学会对他人的尊重，只有懂得尊重下属，将心比心，才能换来下属对领导的敬重。

对于管理者来说，虽然拥有一定的职务和权力，但要时刻谨记不能让自己表现出高人一等的姿态，利用职权来压服人不如用德行来感召人。成熟的领导者，总能给下属以最大的尊重，学会尊重他们，自己也必将得到尊重。

其二是要有担当精神。员工对领导的尊重从哪里来？显然是来自领导在日常工作中的担当精神，有责不畏，有过不推，下属犯了错误，领导敢于承担责任，而不是将责任推得干干净净，所有错误都让手下“背黑锅”。做到勇于担当，必然能赢得所有下属的尊重。

6.3.3 增值法则

什么是增值法则呢？简单来说，所谓的增值法则，是指作为一名管理者愿意让下属快速成长起来，也愿意为他们个人价值的提升和个人利益的获取，提供最大程度的指导和帮助。

在这一方面，优秀的管理者愿意放下姿态，去认真倾听下属的心声，注重他们的利益诉求，也能在自身职权的范围内，为促进下属个人的成长和利益获取提供实质性的帮助。

可以想象到的是，当员工在一个愿意为他们的人生成长和未来发展提供真正帮助的领导手下工作时，自然会有无穷的激情、信心和动力，会自愿服从领导听指挥。这样，管理者又何愁自己缺乏领导力呢？

领导力和领导力法则的辩证关系

领导力是管理者领导能力在实际工作中的体现，拥有超强领导力的管理者是团队的“顶梁柱”和“主心骨”，他们能够聚合团队成员，形成向心力与凝聚力，快速高效实现团队管理目标。

领导力法则是管理者在实际工作过程中所应遵循的管理法则，按照领导力法则的要求去规范和指导团队的管理工作，不仅能使管理者的领导力落到实处，发挥强大的效用，也能最大程度地激发出团队的活力与创造力。

从领导力和领导力法则的内涵不难看出，在领导工作中讲究领导力法则，有助于领导工作的全面开展；同时领导力效用的发挥，也必须在遵循领导力法则的基础上才能得以实现。

6.4 管理，不仅限于领导

实际工作中，有人认为处于管理层级、从事管理工作，就要加强领导，以绝对的领导力和权威来统筹整个管理工作。事实上，这是认识上的一个误区。要明白管理绝不仅限于领导，在领导力之外，还需要掌握更多的管理智慧和管理艺术。

6.4.1 合格的管理者，要懂得以身作则的道理

《论语》中有言："其身正，不令而行；其身不正，虽令不从。"这句话深刻指明了管理学的精髓，身为领导从事管理工作，单纯依靠权威是不行的，而是要以身作则，以德服人，这样才能让大家心悦诚服。

在实际工作中，一些领导者却不明白这样一个简单易懂的道理。

他们对下属要求无比严格，对自己或身边的亲友却放宽要求；他们在任务满额时，希望员工能够加班加点工作，而自己却躲在一边贪图享受。凡此种种，都是领导者不懂得以身作则道理的体现。做不到身先士卒，在关键时刻不能和团队成员同甘共苦，这样的领导者，即使手握领导权限，也不可能获得下属的敬畏与爱戴。

领导力只有在得到充分贯彻时才能发挥其应有的效用，否则仅仅依靠职务的高低来强令员工服从自己的领导，无疑是对领导力的一种曲解。而且肆意滥用领导力，也必然会激起员工的不满和反抗。

6.4.2 成熟的领导者，要学会放权

学会放权，也是成熟领导者提升领导力的诀窍之一。就现实管理工作而言，必要的放权，是组织或团队活动得以顺利开展的一大关键点。适度放权不仅不会削弱领导力，反而可以完美地将管理工作中责权利三者有机统一起来，也可以显著地提高下属工作的积极性和主动性，让团队充满生机和活力。

但职场中的一些领导者，往往喜欢事必躬亲，大事小情都必须亲自过问，最后再由自己拍板做出决策。这样做不仅没有让领导力得到提升，反而会极大地影响管理效率。

三国时期蜀国的丞相诸葛亮，千百年来，都被人们视作智慧的化身，才学谋略无人能及。然而，真实历史中的诸葛亮，作为蜀国这一大型“公司”的首席执行官，却不能明白管理放权的意义所在。

他在担任丞相职务期间，凡事无论巨细，必定要亲力亲为，连责罚士卒多少鞭子这点小事都要过问，那么蜀国的局面最后变好了吗？当然没有，他的这种做法，反倒让蜀国后备人才出现极度匮乏的局面，以至于在诸葛亮病逝五丈原之后，蜀国一度是“蜀中无大将，廖化作先锋”，这也从侧面反映了诸葛亮不会放权所带来的巨大危害。

6.4.3 优秀的管理者，会倾听，会沟通

在管理工作中，判断一名管理者是否优秀称职，会倾听、会沟通是其中非常重要的一个标准。或者说，沟通是领导者必须掌握的一门管理技巧和艺术，会沟通、会倾听的领导，才能让领导力得到全面的贯彻和落实。

但有一部分领导者却不这样认为，他们不重视沟通和倾听，在实际管理工作中，以权威来命令人，认为将命令下达之后，下属照此执行就可以了。实际上，以权势压人，并不能让人心服口服。如果管理工作仅仅依靠命令强压来推动，缺乏必要的沟通和倾听，那么命令也必将大打折扣，不会产生显著效果。

优秀的管理者，常会放低姿态，主动去和下属沟通交流，询问他们在命令执行过程中遇到的种种困难，虚心听取下属对管理工作的建议和意见。无所不在的沟通交流，将有助于领导者发现更多深层次的问题。有针对性地加以解决落实后，管理效能必将有大的提高。

学会下放管理权

方荣是一家自媒体公司的创始人，从公司组建开始，方荣事事亲力亲为，从人才招聘到薪酬制定，从战略规划到人员管理，乃至琐碎的后勤保障工作，方荣也都是“大权独揽”。他认为只有自己亲自管理公司的各项事务才能放心。

然而公司成立一年来，规模和盈利水平都没有多大的提升，这让方荣苦恼万分。后来在和一位成功创业人士聊天时，对方告诉方荣，要学会下放管理权，公司创始人只要把握住大方向就可以了，业务、财会、人事等专业的事情交给专业的人去处理就行了，不然公司永远难以发展壮大。

方荣试着按照对方的建议去做，将管理权限都下放给各个团队带头人，短短半年时间，方荣的公司就有了很大的起色。

领导能力和职位之间不能画等号，即使是一把手，能力欠缺时，也应勇于承认自身领导力的不足，然后去发现人才，培养人才，下放管理权，让他们各负其责，这也是现代公司管理理念的精髓所在。

6.5 不同团队，管理有道

职场中存在各种各样的团队类型，每一种类型的团队，有各自不同的管理方法，只有分门别类地采取不同的管理手段，才能充分发挥团队协同作战的优势，打造出活力满满的优秀团队。

6.5.1 问题处理型团队

问题处理型团队，顾名思义，是为了解决或处理特定问题而临时组建起来的一种团队类型。这类团队的组成，常常是在实际管理工作中遇到了问题后，为了解决问题而将团队成员召集在一起。比如在企业生产过程中产品出现了一定的质量问题，或者是生产效率低下，操作流程需要简化等，在一两个人难以解决的情况下，就会组建起解决问题的团队。

从人员组成上看，这一类团队的成员大多来自各个不同的部门，或者是同一个部门内部，团队的主要特征是相对松散一些，没有太多的刚性纪律或制度约束。团队成员可以选择时间，比如一周或半个月聚集在一起召开会议，在集思广益的基础上，分析问题的成因，提出问题的解决办法，以清除工作中存在的弊端。

针对这一类型的团队，身为团队领导，要多想办法，努力为团队成员营造出一种宽松愉快的工作氛围，广开言路，鼓励他们对工作中存在的问题积极建言献策，争取在规定的时间内将问题解决掉。

6.5.2 多功能型团队

多功能型团队，又称为特定目标型团队，指的是上级管理层将明确后的工作任务一一分派给各个小团队，团队领导者再将任务细分落实，给每一个团队成员再具体分派相应的任务，要求他们在一定时间内完成相应的目标任务。

比如，企业需要在短时间内开发出一款新产品来，这个时候，企业管理层就可以召集团队成员，其中既有管理型人才，也有实验设计人才，还有技术开发型人才等，甚至包括团队的后勤保障人员在内，大家聚合到一起，为了同一目标的完成而努力。

担任这一类型团队的领导者，工作任务的重心在于组建团队工作完成之后，要根据每个团队成员的特长进行合理的分工，将每一位

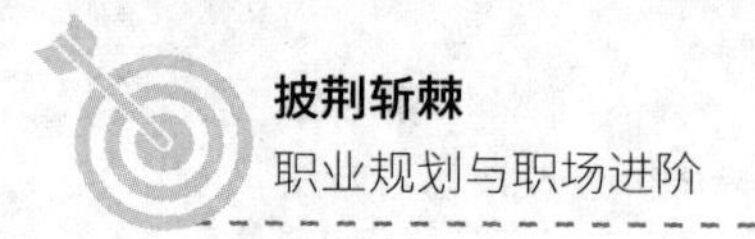

成员最大的潜能挖掘出来，同时还要分出一部分精力去协调和处理团队成员之间的人际关系与矛盾冲突，确保整个团队高效和谐运转下去。

6.5.3 自我管理型团队

自我管理型团队，是团队类型中比较特殊的一种。这一类型的团队，一旦被赋予了特定的目标和任务之后，便拥有较大的自主性，如可以自行挑选团队成员，自主安排工作进度等。

从功能上讲，相较于前两种类型的团队，自我管理型团队是真正意义上的团队构成，团队成员可以自行决定任务的分配方式，也可以在必要时进行任务的轮换，共同负责起团队的管理责任。

这一类型的团队，一方面团队成员有着较大的自主权，得到了上级的充分赋权，但也要相应地承担一定的责任，责权利三者缺一不可；另一方面，在团队组建之后，中间管理层级将不会存在，团队管理由此更加“扁平化”，管理效能也将获得极大的提升。

如何打造一支高效团队？

团队组建和团队管理，根本上是为了提升工作效率，以最优化的成本产生最大的管理效益。那么，如何才能打造出一支高效团队呢？

一方面，管理层应当为团队创造便利的工作环境，满足团队成员和团队工作所需的各种条件，让团队能安心工作，将主要精力放在完成任务目标上。

另一方面，团队领导应当想方设法提升团队成员的业务素养，激发他们的工作活力和激情等，如安排适当的技能培训，制订合理的绩效评价体系等。

从这两方面出发，通过各种方式来管理团队，定能增加团队凝聚力，激发团队战斗力，打造一支高效团队。

6.6 巧妙应对团队冲突

在一个团队内部，成员因个人经历、学历、思想以及秉性的不同，各自都有着独特的个性和为人处事的方式。正因如此，团队领导在带领团队时，难免会遇到团队成员之间爆发矛盾冲突的情况。作为团队领导者，如何巧妙地应对团队冲突，在求同存异的基础上维系团队的和谐生态，是对团队管理者智慧和信心的重大考验。

6.6.1 团队出现矛盾冲突不可怕

从哲学上看，矛盾存在于生活的各个方面。矛盾无时不在，无时不有。一个团队也是如此，在团队管理工作中，团队成员出现矛盾冲突，是一件非常正常的事情，无须为此大惊小怪，更不必将其视为

“洪水猛兽”。而如何处理团队内部的矛盾冲突，则是考验团队领导者领导力大小的一个重要方面。

作为一名合格的团队领导者，首先要让自己拥有洞察冲突苗头的敏锐力，在第一时间发现团队成员之间的矛盾纠纷，然后采取一定的手段与措施，主动介入双方的纷争，化干戈为玉帛，将其消灭在萌芽之中。

其次要有担当，在发现团队成员的冲突之后，敢于挺身而出，将冲突引向正确的方向。有些不称职的团队领导，无视团队冲突，任由其逐步恶化，最后演变到无法收拾的地步；或者是胆小怕事，遇见问题绕着走，像沙漠中的鸵鸟一样，认为躲起来就会“天下太平”。这样的团队领导，要么是态度不正确，要么是能力和水平不够，而这都将对团队人际关系的正常发展以及团队凝聚力带来极大的损害。

6.6.2 针对不同类型的冲突，关键是巧妙以对

◆ 竞争性冲突

竞争是一种无处不在的社会现象，在一个团队内部，竞争也同样存在。从团队成员竞争的性质来看，竞争一般可分为良性竞争和恶性竞争两大方面。

如果团队成员之间是良性竞争的关系，团队领导应当持欢迎的态度，在引导鼓励的基础上，激发大家的潜力，围绕着共同的团队目标

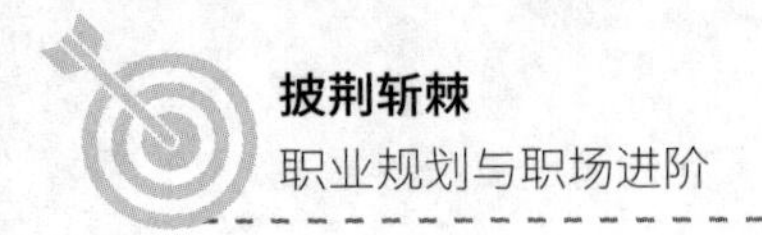

奋勇前进。

如果是恶性竞争，团队管理者则要高度重视。任何一级组织，最令人担心的矛盾冲突之一就是成员之间的内斗。内斗不仅会让团队成员彼此之间的人际关系恶化，相互拆台，各自为政，而且还会极大损耗团队的元气，让整个团队始终无法形成强大的向心力与凝聚力，团队和谐运转的局面也将不复存在。

团队领导对待恶性竞争，应当采取必要的手段，因势利导，努力化恶性竞争为良性竞争，确保团队各项工作在合理的轨道上运转下去。

◆ 理念性冲突

理念性冲突在团队管理中也会经常见到，团队成员因为阅历、学识、见解的不同，对事物和问题的看法也会不同，这就不可避免地使得团队成员之间爆发理念性的矛盾冲突。

对于团队成员之间所出现的理念性冲突，团队管理者应当以循循善诱的说服教育方式为主，晓之以理，动之以情，让矛盾冲突的双方认识到自身存在的不足，促使他们变对抗为合作，化纷争为认同，以大局为重。

◆ 选择性冲突

选择性冲突常常表现在团队重大战略的制定上，团队成员常常因此会一分为二，在事关团队发展方向上各执一词，互不相让，形成尖锐对立的局面。

对于团队中所出现的选择性冲突，团队管理者应当以引导为主，比如可以召集会议，集思广益，充分听取正反两方的意见，然后从中优中选优，做出符合团队发展的科学决策。

团队冲突解决三部曲

首先，弄清楚冲突的成因。团队成员冲突的原因不同，解决的方式和手段也就有相应的调整。因此，要针对不同的矛盾冲突，逐一“对症下药”，以取得“药到病除”的良好效果。

其次，在矛盾冲突之初，要及时出手处理，别让问题过期。对待冲突，越早处理越有利，这样不至于积累成难以化解的重大矛盾纷争。因此，团队管理者在遇到类似问题时，一定要果断处置，将矛盾消灭在最初的萌芽状态之中。

最后，以“共赢”为原则。对于冲突的双方，不能简单地认为谁对谁错，而是要努力从中寻找符合双方最大利益的解决方案，这才是解决矛盾冲突的正确做法。

6.7 常见领导误区

管理是沟通，是借力使力。一个领导艺术高超的管理者，能够带领团队所向披靡，在极高的执行力基础上，攻坚克难，无往不胜；而一个不善于管理的领导者，一旦走入领导误区，则会让其所带领的团队误入歧途，走向失败的结局。在现实生活中，常见的领导误区都有哪些呢?

6.7.1 将管理和领导混为一谈，会管理而不会领导

实际工作中，人们常把管理和领导两个概念混为一谈，认为管理就是领导，管理者也即领导者。事实上，管理和领导在内涵上有着较大的区别，绝不能将两者等同看待。

我们先来看管理。管理每天需要处理解决的问题，从性质上看，基本上都是确定性的问题，具体做什么，怎么做，上级领导早已安排妥当，管理者只要根据领导者的决策意图、想法去按部就班地执行就行了。

反观领导就不同了，作为领导者，他们考虑的是通盘和全局，这个事情要不要做，能不能做，企业的发展路径究竟该怎样走，在充分衡量利弊之后，将不确定的问题转为确定性的问题，接下来的具体细节落实工作，就交由管理层负责完成。

由此可见，管理和领导之间，两者解决问题的定性不同。如果将管理和领导混为一谈，将领导力等同于管理能力，不去抓事关全局的原则性战略问题，只在细枝末叶上下功夫，那么领导者的能力就始终得不到有效提升。失去领导力，最终也会导致管理上的失败。

6.7.2 轻视自身的表率作用

领导力的关键，在于领导者自身的引导作用，通过目标激励和指引，以自身做表率，提升团队的向心力与凝聚力。但在实际管理工作中，一些领导者不懂得表率的作用，他们往往重视对员工的约束，对自身的言行举止却不加注意，过错都是下属的，功劳都是自己的，这样的领导者，是带不出一支能征善战的优秀团队来的。

比如，在管理工作中遇到问题的时候，缺乏表率理念的领导者，常常去责怪员工，将责任推得干干净净。实际上，很多时候管理工作上的失误，大多是领导不力的结果，然而他们不去反思、审视自我，却一味地推卸责任、找人“背锅”，这样做的结果，只会让员工感到心寒，团队的战斗力将由此受到严重的损伤。

所以说，那些明白表率作用的合格领导者，将行动看得极为重要，时时以身作则，敢担当敢作为。

6.7.3 关系重于制度，眼中只有裙带关系

一个充满战斗力的团队，制度规范永远处于团队管理工作的第一位。在健全的规章、奖惩制度下，有才能的团队成员总能脱颖而出，成为团队中重要的骨干力量。团队中能够独当一面的骨干力量越多，团队就越有活力，最终会形成你追我赶的良性竞争局面。

但也有部分管理者往往是将关系凌驾于制度之上，任人唯亲而不是任人唯贤，奖惩缺乏公平合理，喜欢内斗而不是弘扬正能量。如此一来，不仅会导致团队管理工作的混乱，也会极大挫伤优秀员工的工作积极性。当团队完全被裙带关系占领后，这支团队距离解散也就为时不远了。

以身作则，才能带出优秀团队

士光敏夫是日本一位非常受人尊敬的企业家，在管理工作中，他总是从自身严格要求做起，并以此来鼓舞和激励员工，收到了良好的管理效果。

1965 年，士光敏夫出任东芝电器的社长。此时的东芝电器，在经过大规模的业绩增长之后，出现了诸多管理问题，如人浮于事、员工斗志松懈、销售额下滑等，内部各项管理工作也曾一度混乱不堪。

士光敏夫上任之后，提出了“重振东芝”的口号。为了加强管理、提升员工士气，以身作则的他，每天不仅提前半个小时来公司报到，还在上午抽出一个小时的时间，和员工一起商讨公司各项工作的改进。

东芝的员工看到身为社长的士光敏夫如此敬业，也大受感动，纷纷向他看齐，兢兢业业地投身到工作中去。很快，精神风貌大为改观的东芝公司，其经营业绩在士光敏夫的带领下，逐步好转了起来。

身为团队领导，以身作则，率先垂范，绝不是一句简简单单的口号，它需要领导者扑下身子，带头推动工作的开展。只有领导者“身先士卒”，才能更好地激励员工奋勇向前。

第 7 章

人至中年，顺利度过职场瓶颈期

对于那些人到中年的职场人士来说，他们中的大多数，往往会遭遇职场困境，个人的情绪和心态也会在困境下随之发生微妙的变化。或是对目前从事的工作感到倦怠，或是遇到了事业上升的瓶颈。无论是哪一种，都会令人身心俱疲，对职场发展前景丧失信心。由此，如何调整心态，冲破当下困境的阻挠，顺利度过中年职场危机，自然就成了这一年龄段职场人士最为关心的大事。

7.1　正视职场倦怠

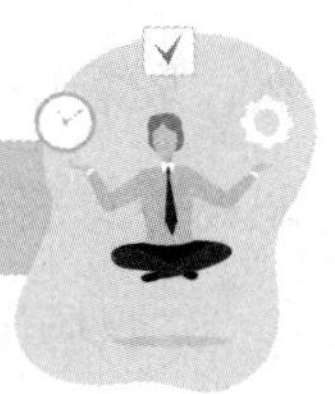

一件事情做久了，会让人身心疲惫；同样的工作日复一日地去做，也会令人缺乏兴趣和动力，再也提不起精神。出现这种情绪变化，就意味着我们对手头的工作产生了倦怠感，这也是职场中最为常见的一种情况。倦怠不可怕，只要我们调整心态，以从容淡定的姿态去正视它，相信一定能打破职场倦怠的桎梏。

7.1.1　你了解职场倦怠吗？

“今天我不想上班，天天准时准点去公司报到，好烦呀！真想放飞自我。”

“心好累，每天上班都是乏味的工作流程，枯燥单调，什么时候能自由自在、不被上班约束呀！”

在对待工作和上班的问题上，我们经常听到有人如此喋喋不休地抱怨。他们对上班产生了厌恶和恐惧心理，恨不能“避而远之”。显然，职场中人们时不时爆发出来的这种间歇性情绪变化，就是典型的职场倦怠表现。

“职场倦怠”这一概念，最早由美国临床心理学家弗罗伊登贝格尔于1974年提出，它指的是职场人士在工作过程中，因为身体和心理上的极度疲劳，从而产生出一种对待职业的负面情绪。当一个人处于职场倦怠期时，就会处于干什么都是一副无精打采的状态。因此，如何逃避在他们眼中倍感压抑和窒息的工作环境，成了职场倦怠人士心心念念的“期待与向往”。

对于职场倦怠，有人形象地将其形容为“职场感冒”，时不时会来上一场，一旦这种“感冒病毒”汹涌袭来时，不分男女，身体与心理都会被倦意填满，失去原有的工作热情。

针对职场倦怠，在心理学领域有三个衡量的维度，职场人士可以从中探知个人职场倦怠程度的深浅高低。

一是情绪衰竭。对待工作没有激情和动力，一上班就想着赶快下班回家；情绪低落，无精打采，工作只是被动地应付一下，草草了事，什么责任都不愿承担。所有这些表现症状，都可以被归结到“情绪衰竭”里面。

二是怨气冲天。处于这种职场倦怠状态的人士，对待工作有强烈的抵触情绪，对待身边的同事也是牢骚满腹，心里面总感觉窝着一股无名邪火，看谁都不顺眼，稍微不如意，就会和同事之间爆发激烈的矛盾冲突，而且潜意识里认为错的总是他人。

三是否认个人价值。这种职场倦怠的主要症状表现也有很多种，比如工作上极度缺乏自信，认为自己是“废材”一个，干什么都不行，做什么都做不好，缺乏使命感和担当精神。

7.1.2 职场倦怠，请学会调整

通过了解职场倦怠的三种表现特征，我们会发现自己或许就是其中的一员，只是程度深浅不一罢了。一旦发现自身出现了职场倦怠的情况，又该采取什么样的方法，重新回到正常的工作状态之中呢?

职场倦怠，一般是工作内容和情绪状态两个方面导致的，在调整时，也应从这两方面入手。

首先是工作方面。工作中引起职场倦怠的原因，一个是每日大量重复单调、琐碎繁杂的工作内容，在这种状态下，很多人找寻不到工作的积极意义，心态自然会疲惫不堪。

解决办法是，日常做好相关资料的收集和积累，合理规划每日的工作内容，尽量减少重复性的工作。

另一个是太过要强，或者自身是一个完美主义者，每项工作都希望自己做得尽善尽美，甚至为了工作忽略了生活和休息，即使下班了，脑子里还在思索着工作上的事情。这种工作模式和自我苛求，常会使得神经一直处于高度紧张的状态，精神得不到缓解和放松，久而久之，物极必反，自然就会有职场倦怠状况的发生了。

应对方法是，学会放松，不刻意去追求所谓的完美，平时注重

劳逸结合，工作时投入进去，工作结束时将思想清空，将状态切换到“生活模式”。

其次是情绪状态。好的情绪状态，让人拥有充沛的活力；坏的情绪，会让人沮丧颓废，影响工作态度，进而导致职场倦怠局面。

意识到不良情绪的危害后，平日里我们应当多去拓展生活空间，试着发现和培养自己的兴趣爱好，学会娱乐和享受生活，培养热爱生活、热爱工作的好心情。

精英案例

放松自己，是应对职场倦怠的利器

公司里，白宇是出了名的“工作狂”，工作起来，总是表现出“拼命三郎”的态势。最近，领导将公司里一件非常重要的项目交给白宇负责，认为只有他才能如期完成项目。

白宇接受任务后，立刻全力以赴投入其中，有时加班晚了，他就直接在公司里休息。然而，繁重的工作，巨大的压力，让白宇头疼万分。随着结项日期的临近，精神高度紧张、自尊心极强的他，一提到工作进度，就倍感焦虑，心理上也产生了极大的抵触情绪。

白宇意识到自己的工作状态出了问题，开始寻求心理医生的帮助。他在咨询心理医生后，对方告诉他这是患上了职场倦怠症，建议白宇劳逸结合，多去放松自己。

白宇听从了医生的建议，暂时放缓工作进度，下班回家就陪孩子下棋、做游戏，经过一段时间的调整，在生活中品尝到乐趣的白宇，精神状态好了很多，成功度过了这段职场倦怠的低谷期。

7.2 公司内部晋升

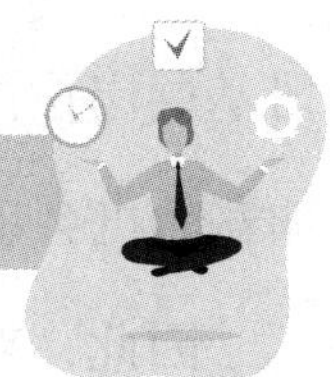

职场中的中年人士，最为关心的问题之一，就是公司内部晋升的情况。在这样一个不上不下的年龄段，渴望升职加薪，又唯恐自身各种条件不够；想要与世无争，奈何心态又难以放平。如此焦虑纠结的心境，常会令人陷入矛盾迷茫的状态中，左右为难。

7.2.1 人到中年，真的晋升无望吗？

职场中，中年群体精神焦虑和心理压力最大。这是因为他们一方面要分出很多时间精力去照顾家庭，相应地在工作上就缺少年轻人那种无所畏惧、风风火火的闯劲和干劲儿。由于他们在工作上以求得安稳为第一，这就使得很多企业愿意提拔年轻人上来。面对这些积极上进的后辈，职场中年人士常会因此产生诸多紧迫感和无力感。

另一方面，如果在中年这个年龄段，拼搏了一二十年，还处于公司基层岗位的话，在领导眼中，会被贴上“能力不足”的标签，升职加薪的机会也会越来越渺茫。

因此，对于那些职场中年人士，一旦错过了三十到四十岁这个职场上升的黄金期，在公司内部晋升的机会也确实越来越少了。升职机会不多不说，甚至还会遭遇“职场风险期”，即面临被淘汰的命运。职场危机令人恐慌焦躁。

那么，中年人就真的在职场中再无晋升的机会了吗?

当然不是。事实上，中年人也是可以获得晋升机会的，只要肯努力上进，任何时候都会有晋升的机会。不过，这要看我们有没有向上的欲望，能不能调整心态付诸行动，在机遇来临时，能否勇于接受挑战，让人生事业重新焕发勃勃生机。

曾国藩四十岁的时候，依旧职位不高，名声不显，在京城官场中默默无闻。对此曾国藩从不气馁，他敏锐地把握时代的机遇，从回乡操办团练开始，一步一个脚印，终成晚清中流柱石。

左宗棠在中年时，也不过以给他人当幕僚谋生，连一个进士功名都没有。然而在他的拼搏努力下，步步高升，最终位居晚清“中兴四大名臣”行列，实现了人生的华丽蜕变。

职场中，中年人存在着年龄上的劣势，不过从其他方面看，中年人的身上也有着诸多优势。比如他们阅历丰富，做事沉稳，考虑问题周到全面，冷静自持，这种被岁月磨砺的成熟性情和心态，是职场年轻人所不能比拟的，这也是中年人士职场竞争潜在的优势。

7.2.2 在改变自我中获得晋升

职场中年人士不是没有晋升的机会，而是缺乏努力向上的晋升欲望。很多时候，一些倚老卖老的职场人士，在浑浑噩噩中将自己活成了单位里面没有多大价值的一种存在，如此又如何能获得被提拔重用的机会呢？正确的做法，是应在自我改变中获得晋升。

首先要始终保持学习的热情，养成终身学习的好习惯。对于职场中年人士来说，故步自封，想要一直躺在过去的功劳簿上的做法是不可取的。不去学习新的业务技能，不能适应工作岗位内容上的变动，不要说晋升了，还会面临被裁员的风险。

人到中年，不要因年龄因素裹足不前，要时时以开放的胸怀，勇于迎接时代浪潮下的新事物、新知识、新信息。

其次拿业绩说话。在单位内部，业绩是实现晋升的最大资本，也是让人心悦诚服的过硬资本。在团队内部，努力做出优秀的成绩，领导看到了亮眼的成绩，自然会考虑将合适的岗位职务分配给我们。

最后是敢当敢为，这一点在中年人士职场晋升中也至关重要。遇到紧急任务或重大项目时，敢于主动冲上去，为领导分忧解难，为团队增光添彩。如果做到这些，又何愁不能晋升呢？

精英案例

岗位不重要没关系，优秀的表现是关键

某公司文宣部门缺人，公司领导就将一名叫周爽的女员工调了过去。

周爽的同事纷纷为她打抱不平，说文宣部门工作很难出成绩，手里也没有多少资源，在公司内部，被看作是一个“冷衙门”。在这个部门工作，升职加薪的机会少之又少。

还有人劝说周爽，说她已经是人到中年，前面几个文宣部门的负责人，都没能坚持多长时间，最好委婉拒绝这份“吃力不讨好”的苦差，保持目前安安稳稳的工作状态才对。

面对同事的好意，周爽表示心领了，最终她还是选择服从安排，愉快地来新岗位报到。自从进入这个部门之后，周爽利用自己多年练就的深厚的文字功底，又潜心研究文宣工作的要领，从各个渠道加大对公司形象的宣传力度，半年多的时间，就取得了出色的工作业绩。

公司领导原本对周爽的工作没有太大的期待，按部就班做好常规工作即可，哪知通过周爽的努力，文宣工作搞得有声有色。喜出望外的公司领导，不仅多次当众称赞周爽，还在一年后将周爽提拔为公司品牌总监。已到中年的周爽还能快速升职，令同事们又是羡慕又是敬佩。

在不被人看好的岗位上，周爽却能做出令人刮目相看的成绩来，显然，优秀的表现成为她得到晋升的重要资本。

7.3 跳槽是好的选择吗?

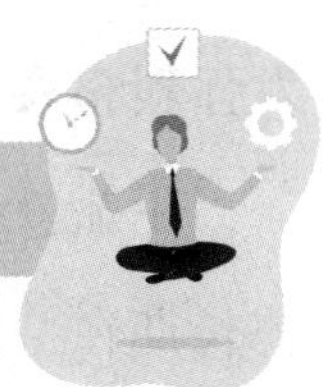

面对职场倦怠或中年危机，一些职场人士在焦虑与压力下，会产生跳槽的念头，试图推倒重来，开启另一段新征程。他们跳槽的选择是对是错呢？这个因人而异，需要具体情况具体分析。

7.3.1 你为什么要选择跳槽?

跳槽，在当下的职场中，是一种较为常见的现象。一方面，活跃发达的市场经济，给予了人们更大的自由选择权和流动权；另一方面，人们内在的趋利性，期望自己变得越来越好，在新的平台上实现升职加薪的美好愿景，也是诱导职场中年人士产生跳槽念头的一大主因。

梳理人们选择跳槽的理由，在趋利性之外，还包括一些现实因素。

比如人到中年，回顾个人的职业生涯，发现不是太符合自身的职业定位，没能做出符合预期的成就来，矛盾纠结之下，他们跳槽的念头越发强烈起来。

王斌就是这样的一个例子。他在学校里学的是化学专业，毕业后曾长期在一家化工企业工作。已步入中年的他，简单地总结了一下自己的工作，每日里，他一直在重复着单调枯燥的工作，职务和薪水也一直不尽如人意，自我价值更谈不上得到什么尊重和体现了，因此内心焦虑的王斌，开始四处投递简历，希望可以找到能够发挥个人才能的平台。

职场中年人士跳槽的另一个原因，还和工作环境和工作氛围有关。在单位内部人际关系不和谐，感觉工作环境压抑，或者是不太认同企业的文化理念，认为和自己的价值观有冲突，在这种情况下，也会让人时时有跳槽的冲动。当不满累积到一定程度时，就会选择直接辞职走人。

7.3.2 抚心自问，你具备跳槽的资本吗？

“水往低处流，人往高处走。”跳槽，换一种新的工作环境，争取一份更能体现自我价值的薪酬回报，从这个意义上说，这一举动本身无可厚非，没有什么可以指责的。然而，抚心自问，自身是否具备跳槽的资本呢？或者说，鼓足勇气离开原工作单位，是不是一个好的选择呢？

黄磊原先在一家机械公司工作，在工作了十几年之后，虽然黄磊的月薪并不低，他却感到不满足，认为自己在单位努力工作了这么久，经验丰富，技能熟练，自身价值应更具有“含金量”，于是他找个机会直接和领导“摊牌”，希望能给他涨一些薪水。

在被拒绝后，黄磊一气之下跳槽到了另一家同行业公司。在新的公司，黄磊的薪水并没有增加多少，让他郁闷的是，这家公司的考核非常严格，加班加点是家常便饭，月季、季度、年度还要搞末位淘汰制，竞争无比激烈。

高强度的工作压力让黄磊身心俱疲，他开始后悔当初的意气用事，想要重新返回原公司工作。但他的工作岗位早已有了新人替代，此时的他也没有后路可退了，只得硬着头皮干下去。

从黄磊的案例中可以看出，跳槽，并不是适合所有职场人的选择。不是说每一次跳槽都能找到令自己满意的工作，获得期望中的薪水报酬，很多时候，等到自己跳出去之后才发现，还是原来的公司更具有发展空间，更人性化一些。

由此可见，跳槽，不是“一跳了之”那样简单，想要“更上一层楼”，关键要让自己有一定的资本，能力出众，技术过硬，会社交会沟通，适应能力强，工作选择主动权能掌握在自己手中。

尤其是对于职场中的中年人士来说，精力和时间无法和年轻人相比，同时还身负养育家庭的重担，工作稳定是他们最大的诉求。一旦跳出去却又发现不符合自己的预期，进退两难最令人焦虑痛苦。因此，这类人群在跳槽时，更要慎之又慎，综合衡量后再做最终决定。

跳槽要适度

这山望着那山高，是很多职场人存在的普遍心态。他们不满意现在的薪资待遇，不看好企业发展前景，躁动的心让他们时时有跳出去的冲动。

然而需要人们明白的是，跳槽要适度，频繁跳槽并非良策。任何企业都不欢迎缺乏忠诚度的员工，他们更需要能够在较长时期内和企业共同奋斗的员工。

再者，频繁的跳槽，将心思都花费在了跳槽上面，眼中只有利益，不注重提升自我核心竞争力，这样会极大地阻碍我们专业技能的提升，对个人职业规划的健康发展带来严重的负面影响，甚至会毁掉我们整个职业生涯。

7.4 任何时候创业都不晚，但并非任何人都适合创业

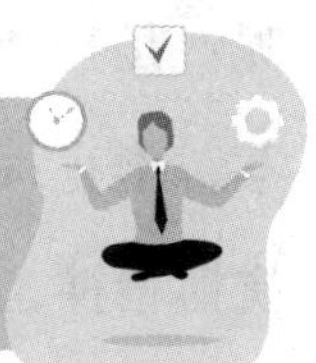

创业，是一个令人怦然心动的词语。相信几乎在每一个职场人士心中，都有一个老板梦、创业梦。有创业的能力和资本时，请大胆尝试，因为只有拼搏才能创造更为精彩的人生。但当梦想和自身实力不匹配时，就要暂时远离创业。

7.4.1 创业，没有时效期

生活中，常听到一些职场人士有这样的疑问："想创业试试，但是不知道现在的年龄还适合创业吗？如果不是感觉年龄大了，真想风风火火去闯一闯，拼一拼。"

在这些人的心目中，他们对创业有着强烈的渴望，然而又下意识地担心个人年龄的问题。如果反问他们，什么年龄才是最佳的创业期呢？是三十五岁？还是四十五岁？相信没有人能够给出一个明确的答案，毕竟，创业没有时效期的限制，有才能，有想法，有一往无前的拼搏精神，什么时候创业都不晚。

再进一步分析，年龄从来都不是创业路上的“拦路虎”。在人生的成长过程中，每个年龄段都有每个年龄段的优势，二十岁的我们，有着无穷的精力和大把的时间，对未来充满无限热情；三十岁的我们，有丰富的职场经验沉淀，做事更为从容不迫；四十岁的我们，人生阅历更为丰富，人脉资源也趋于顶峰，这也是创业成功的重要加分项。

所以，非要拿年龄说事，将一腔激情局限在年龄这个界限上，是一种典型的思维误区。三十岁的时候后悔没有在二十岁时创业，四十岁的时候懊恼三十岁时没有抓住创业的机遇，五十岁又感慨错过了四十岁的黄金岁月，如此光有创业的念头，却没有创业的行动，一直迟疑不决，下不定决心，羡慕他人创业的成功，痛责自身行动的迟缓，那么请问什么时候才是创业的最佳时期呢？

人生一世，每个人都有选择不同活法的权利，也都有自己的想法和追求。当我们愿意轰轰烈烈、痛痛快快地大干一场，愿意为创业的美丽梦想投入所有激情时，那就要勇敢地行动起来，认准目标坚定不移地在创业路上走下去。

7.4.2 什么样的人才适合创业呢？

无论是青年还是中年，要记住的是，年龄从来不是影响创业的关键因素，什么时候下定决心踏上创业的征程都不晚。然而，抛开年龄因素，有一点需要明白的是，并非所有人都适合创业。

现实生活中，每一个人对自我的认知，都存在着一定的偏差。康奈尔大学心理学家大卫·邓宁据此提出了著名的“达克效应”。这一理论指出，那些能力欠缺的人，往往难以正确认知自身的不足，即出现认知偏差现象，常错误地认为自己能力优秀，才华出众，由此导致盲目的自信。

创业也是如此，一些人迷之自信，认为自己无所不能。在这些人看来，创业是一件非常轻松的事情，如手到擒来般简单。谁知真正投入进去，才知道远远不是那么一回事，只能以一败涂地收场。

简单来说，这样几类人不适合走创业之路。

一是没有持之以恒的毅力，做事没有耐心，三天打鱼，两天晒网，做事全凭一时的激情，坚持不了多长时间就偃旗息鼓的人，不适合创业。

二是缺乏敢闯敢干气魄的人。做事畏手畏脚，太过胆小谨慎，一片树叶掉下来都担心砸到自己，这样的人心理承受能力太差，患得患失的心态太过严重，自然也不适合创业。

三是容易冲动、习惯感情用事的人，也不适合创业。这类人缺乏必要的理智思维，自控力差，情商较低，在创业路途中，不能很好地维系人际关系，动不动就易怒暴躁，一旦创业的话，他们大多也会惨淡收场。

有梦想，就去行动

雷辛原来在一家大型餐饮集团从事高管工作，有着丰厚的待遇和良好的发展空间，在别人眼里，他是令人羡慕的存在。但对于雷辛自己来说，人到中年的他，不愿再给他人打工了，心里一直有自己经营一家餐饮公司的梦想。

为此雷辛在工作中，多方学习餐饮行业管理知识，充分利用集团一切培训机会为自己充电。在经过长达三年的充足准备之后，雷辛看准时机，在当地开设了一家具有家乡风味的特色餐饮。由于经营有方，价格公道实惠，餐饮公司很快获得了巨大的成功。雷辛趁机又开展连锁业务，短短两年时间里，他就成了当地餐饮行业的标杆人物。

雷辛之所以创业成功，一方面是因为他准备充分，阅历丰富，不打无准备之仗；另一方面是因为他能从自己熟悉的行业入手，全面发挥自己所长，因此才得以在餐饮领域快速站稳脚跟。

7.5　正确面对压力，做好情绪管理

人到中年，职场中的压力无处不在，升职无望，工作乏味，职业发展前景暗淡，人际关系糟糕，再加上激烈的竞争考核等因素的累加，无形中让人焦虑恐慌。面对这些压力，做好情绪管理才是正确的应对之道。

7.5.1　没有压力的职场，还叫职场吗?！

静下心来想一想，在工作中你有没有这样一些情绪感受呢？面对手头的工作，感到无能为力，多次想要放弃；深感职业前景没有发展前途，心灰意冷，做事不能集中精力，对待工作三心二意；和自己同资历、同岗位的同事获得了提升，从同事变成领导，无形的压力和说

不清楚的烦恼扑面而来……

其实，以上所有这些情绪感受和反应，都是职场压力作用的结果。身处职场，压力无时不在，无处不在，如影随形伴随在我们左右。也许有人会天真地问，难道职场就不能没有压力吗？轻轻松松、快快乐乐多好。

显然，这种想法是非常幼稚的。职场实际上是竞争的代名词。在职场内部，我们要和同事之间展开竞争，要周旋在各种复杂的人际关系中；要和项目推进比拼速度，要尽快完成上级交代的工作任务；还要和自身不断增长的年龄“做斗争”，活到老，学到老，时时注重业务学习，以适应时代的发展和职场新老迭代，不让自己在落后中被淘汰。

在职场外部，我们要和同行竞争，抢先一步拿下客户的订单；还要和同类产品的研发技术比拼，争取拿出质优价廉的好产品来，快速地抢占市场份额。所以，无论身处职场任何一个部门、任何一个岗位，都会有竞争的存在。有竞争自然就会产生压力，两者就像是一对“孪生兄弟”一样，相伴而生。

所以，不存在没有压力的职场，换言之，没有压力的职场，也就不是职场了。明白了这个道理，在职场中面对工作上的各种压力，我们就应当学会调整心态，坦然以对，学会适应它、化解它，将压力转为拼搏奋斗的动力。

7.5.2 好的情绪管理，会释放无处不在的职场压力

面对职场压力，有些人选择自暴自弃，随波逐流；而另一部分人，却能在职场压力下始终保持活力和生机。而存在这种差异的原因，就在于个人是否会运用情绪管理法则，将压力排除宣泄出去，给自己一个好心情。

情绪管理法则一：压力不同，化解手段也随之调整。如果在工作中遇到业绩上的压力，那就多去想办法提升自身的工作效率，比如向身边优秀的同事学习请教，多和领导沟通，争取他们的支持等。

倘若是来自人际关系方面的压力，正确的应对策略是，首先从自身寻找原因，查看是否因为自己言行举止方面的错误导致了人际关系的不和谐，如果是，请加强自我职场礼仪方面的修养；其次是沉下心来，埋头自己的工作，以踏实肯干、兢兢业业的行动赢得同事、领导的认可。

情绪管理法则二：学会放慢速度。在工作中，当一件任务确实难以在规定的时间内完成时，不要太过焦虑，要知道再多的焦虑也解决不了问题。此时，不妨将手头的任务先放一放，过一段时间再去想办法解决。很多时候，平和的情绪下，才会有灵感火花的闪现，光着急无助于问题的解决。

情绪管理法则三：掌握平衡。这里的平衡，指的是在工作和家庭生活之间寻找一个平衡点。我们应当明白的是，工作只是生活的一部分，不能因为工作上的压力而影响到生活。工作时，尽情投入，全力以赴；工作之外，学会珍惜当下，享受生活的美好，以此来达到调节情绪、缓解压力的目的。

负面情绪，不能一味地“忍耐”

职场的重重压力，会让人产生诸多负面情绪。面对这些不良情绪，一些人会选择忍耐，认为“忍一时风平浪静”，用不了多长时间，压力将会自动消失。

事实上，压力就如泛滥的洪水一般，治理洪水的法则是宜疏不宜堵，对待压力也是如此，将其疏导出去才是正确的应对方法。要知道压力积累太多，长时间得不到有效宣泄，就会产生更强的破坏力，反而会给我们带来更大的伤害。所以，当有负面情绪时，要采取情绪管理法，采用理性的解决措施，重新找回好心情。

7.6 常见职场危机应对

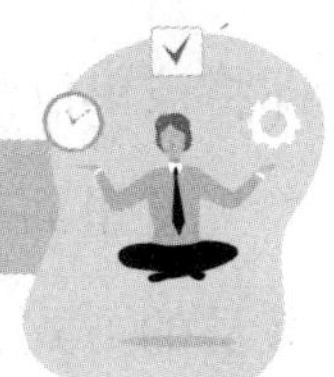

很少有人的职场生涯是一帆风顺的，在充满竞争和淘汰的复杂职场环境中，大多数职场人士，尤其是中年人士，都会遭遇各种各样的职场危机。但采用巧妙手段，在灵活应对中及时化解危机，便可逐步拓展职场空间，为自己营造更为光明的职场发展前景。

7.6.1 常见的职场危机都有哪些呢？

身处职场，难免会遭遇各种各样的职场危机，这也是一种正常的职场现象，无须惧怕，也不能轻视。在危机来临时，我们应学会正确应对，巧妙化解危机，进而夯实我们在职场发展的基石。那么，工作上常见的职场危机都有哪些呢？

危机一："饭碗"危机。"饭碗"危机，也可以称为岗位危机。这一危机指的是在各种不利因素冲击下，影响到了我们的就业，面临着即将被单位淘汰的命运。

这里面有这样两个影响因素：一个是公司效益不好，不得不采取裁员的方式，而我们却不幸地成为裁员名单上的一员；另一个是很多公司都实行业绩考核制度，"末位淘汰制"大行其道，一旦连续几次考核位居末位，也将面临被辞退的危险。

危机二：年龄危机。年龄危机，也叫职场中年危机。对于大多数中年人来说，在单位内部，升职加薪的竞争优势比不过那些年轻人；在单位外部，这个年龄段，想要寻找一份适合自己的工作岗位，也是一件非常困难的事情。

危机三：人际关系危机。人际关系危机也可以叫作职场工作氛围危机，这一危机指的是处理不好和同事或上级领导的关系，尤其是遇到一个心眼小、事事爱较真的领导，处处受制，上下级关系非常糟糕，在这种领导手下做事，令人心情万分苦闷。

7.6.2 危机来了，要从容坦然应对

职场危机不可避免，当危机来临时，不要惊慌，从容坦然面对才是正确的处理方式。惊慌失措，没有合理的应对策略，只能加重危机的恶化。在具体应对方法上，要学会把握这样两个原则。

一是提升岗位核心竞争力。观察职场中常见的各种危机，无论是

“饭碗”危机还是中年职场危机，其实都是因为我们自身的工作能力和业务技能不够强所导致的。换句话说，如果个人非常优秀，能力出众，这些危机也就难以给我们带来负面影响了。

因此，在实际工作中，要以提升岗位核心竞争力为目标，不断地学习充电，不断地提升业务技能和执行力，能力强了，就不怕被辞退，更不会被业绩考核淘汰掉。

二是做好个人的职业规划。职业规划是一个人职业生涯的方向标，有着清晰职业规划的人知道现在应当做什么，明白应该为将来做些什么，知道自己最终的职业发展目标和要求是什么。他们都有着清晰的路线图，在防患于未然的意识下，将危机转化为新的生机，如此自然就能始终以从容不迫的姿态游走在职场之中。

保持敏锐性，提前预见职场危机，及时规避

职场中所遭遇的各种危机，有些是难以预见的，带有不确定性，不知何时会突然降临到我们的头上，令人手足无措。但另外一些职场危机，稍微细心一些的话，则是可以提前预见的，如工作中竞争压力大、受人排挤等。

对于这些可以提前预见的危机，只要我们能够时时保持足够的敏锐性，多一些危机意识，就能够早一步发现，也就能够提前做好应对策略，在未雨绸缪的基础上做到及时规避，尽快扭转不利局面。

第 8 章

铿锵玫瑰，女性职业规划与职场发展

“巾帼不让须眉”“妇女能顶半边天”，种种话语表明，在现代社会的职场中，女性也是其中重要的力量和不可或缺的组成部分。然而受性别、婚姻、生育等诸多现实因素的影响，在当今社会分工中，职业女性往往承受了更多的压力和责任，这也极大地影响了女性的职业发展前景。所以，如何做好职业规划，找准职业定位，兼顾好事业和家庭，让铿锵玫瑰在明媚的职场天空下绽放，是当下所有职场女性同胞最关心和关注的焦点问题。

8.1 女性职业定位与择业

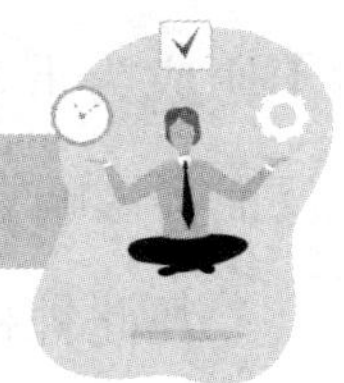

对于所有职场女性来说，如何做最好的自己呢？显然，女性想要在职场中拼搏出属于自己的一片天空，做好职业定位和择业至关重要。唯有如此，女性才能走出职场困境，充分发挥自身的最大优势。

8.1.1 树立自信，找准职业定位

在一些传统理念中，女性因为性别的关系，在职业发展上常处于一个弱势地位。比如她们受生育、抚养孩子等客观因素制约，在寻找合适岗位上，往往会有一些额外的限制条件。

因此，一些女性缺乏自信，在工作能力上自我否定。表现在职业定位上，她们常将自己定位为配角，多选择从事一些辅助性的工作；

相比男性，在工作岗位上，多处于从属地位。

也有一些女性，受传统观念影响，安于现状，不敢太过表现自我，不愿成为事业型的女性，如女劳模、女强人等，担心自己太过要强，反而会影响自身家庭的稳定。

凡此种种，都成了制约女性职场发展的瓶颈，女性自身存在的个人价值也迟迟得不到彰显。

然而，随着时代的发展，在现代化企业运行模式下，社会分工出现了前所未有的裂变，专业化下的职业细分成为必然。在这种大环境下，女性所天然具有的性情特质和个体优势，得到了最大程度的发挥，逐渐成长为职场中的生力军，发挥着越来越重要的作用。她们在工作中和男性之间的关系，也从以往的辅助与被辅助，转变为竞争与分工合作关系。

正如好莱坞派拉蒙公司女总裁雪莉所说的那样："在工作中，男女之间是没有性别区分的。"这句话充分说明了女性也是职场中不可或缺的重要组成部分。

随着女性价值在职场中得到更多的凸显，对于女性同胞来说，面对越来越宽容的职场，应当树立强大的自信，摒弃传统思维的束缚，主动融入社会化大分工背景下的职场，从积极发挥自身的性别优势出发，重新去思考和调整个体在社会分工细化模式下的职业定位。

对于在职场上拼搏的广大女性来说，找准职业定位并不难，关键在于应在保持人格独立的基础上，勇于突破，确定未来的职业发展方向。女性的自我定位清晰了，再去规划职业定位，也就变得简单容易了。

8.1.2 准确的职业定位，让女性努力的方向更加清晰可见

职场中，职业定位非常重要，一个人如果在踏入职场之初，就有了专业而又系统的职业生涯规划，明确了职业定位，确定了职业角色，那么其职业发展前景自然会清晰明朗很多，也就能远离职业发展困境了。

对于广大女性同胞来说也是如此，准确的职业定位，会使她们把握更为直观具体的奋斗方向，职业路径也会因此变得更加通达顺畅。

肖敏热爱教育事业，喜欢和孩子打交道，教书育人的“园丁”一直是她所向往的职业。

因此大学毕业后，肖敏积极备考招教考试，也顺利地成为一名小学教师。走上工作岗位后，热爱教育工作的她，带着满腔的热忱站立在三尺讲台之上。

兴趣爱好加上勤奋努力，使得肖敏很快成为备受学生欢迎的对象。工作出色的她，也连年获得“优秀教师”等光荣称号。自我价值得到充分肯定的肖敏，工作起来更有动力了，她非常感谢当初自己准确的职业定位，也格外珍惜教师这份职业。充实而又充满意义的生活，让肖敏更有信心去把握未来的人生发展方向。

肖敏的人生经历告诉我们，准确地进行职业定位，是每一个职场女性都需要认真对待的功课。找准了职业定位，清楚了自身职业发展的方向，这些职场女性将会充分发挥个人的才能，并以饱满的热忱与专注，在工作岗位上做出令人刮目相看的成绩来。

8.1.3 发挥优势，选择更适合自己的职业

在现代社会的职场中，女性同胞占据的比例越来越大，她们除了要和男性竞争之外，也要面临和同性竞争的局面，她们将会遭遇更多的竞争和挑战。这就在客观上促使女性同胞全面发挥自身的优势，在掌握必备的生存发展技能基础上，寻找机会，创造机会，不断地拓宽自我的职场路径。

赵蕾大学毕业后，进入一家公司从事前台接待工作。在工作了两年之后，赵蕾认为不能再这样继续下去，她想要有一个大的突破，重新定位和选择更合适她个人发展的职业岗位。

在学校里，赵蕾就已经过了英语六级，有着语言天赋的她，决定继续在外语学习上下功夫。从此开始，赵蕾将自己闲暇的时间都拿来补习外语。在不断努力下，她很快通过了翻译考试，无论是书面翻译，还是口语表达，赵蕾都能做到流利顺畅、准确无误。

有了过硬的专业技能之后，赵蕾随后跳槽到了一家外贸公司，从跟单员做起。凭借自身外语的优势，做事干练、认真负责的她，很快在公司里脱颖而出，一路升职成为部门副总。在对外业务上，赵蕾主要负责欧美市场，这也使得她的才能有了更大的发挥舞台，职场发展前景自然也是一片光明。

从赵蕾的案例中不难看出，女性想要在职场中拼搏出属于自己的一片天地，在就业和择业上，一定要突出自身的优势，将专业技能优势发挥到最大限度，让别人看得到自己身上的闪光点，这样在自信和能力的双重加持下，自然就能为个人的职业生涯锦上添花。

适合女性的职业有哪些？

和男性相比，女性身上有着独特的性别优势，比如她们做事认真细致，有较强的亲和力和沟通能力，感觉敏锐，有耐心，语言天赋较高等。所以在择业上，女性就可以根据自身的优势，定位自己的择业方向。

其中，教育行业、金融行业、电商行业、市场公关等领域都是女性就业的首选。在具体职业上，还可以从事诸如人力资源管理、家居设计、高端时尚形象设计、色彩搭配师、翻译、瑜伽教练等工作。这些就业领域和职业选择，都比较适合女性同胞，能够使得她们充分发挥天赋优势，在竞争激烈的职场中很好地生存发展下去。

8.2　女性创业的优势与劣势

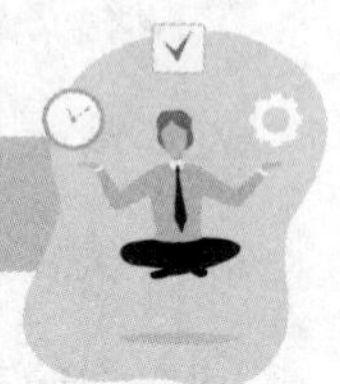

职场上，女性除了就业的选择之外，和很多男性一样，她们也可以通过创业大有所为。但因在性别、性格等方面和男性存在着较大的差异，女性创业的优势和劣势也是比较明显的。这就需要女性对自我有全面清醒的认识，告诉自己：加油，努力做更好的自己。

8.2.1　女性创业优势分析

在全球化经济大发展的今天，伴随着女性整体社会地位的提升，越来越多的女性同胞摆脱了以往相夫教子、甘当家庭主妇的角色定位，也逐步参与到了社会分工中去。因此在职场中可以看到，女性就业的比例不仅有了大幅度的提高，还有更多的女性加入创业的浪潮之中。

她们凭借自身的努力上进，在创业这个大舞台上也有了属于自己的一席之地，崭露头角，彰显了“巾帼不让须眉”的女性风采，为社会经济的发展做出了应有的贡献。那么，女性创业的优势主要有哪些呢？

优势一：女性敏锐性强，做事理性，善于发现事物发展过程中细微的变化，这是创业者必备的素养之一。

生活中，女性以心思细腻著称，善于观察，能够提前洞察危机的到来。而在具体创业时，女性的这种预见性和洞察力，有助于创业者及早做出战略调整，做好应对策略，及时消除危机。和大大咧咧的男性相比，女性身上较强的敏锐性与冷静理性，是一大显著优势。

优势二：女性亲和力强，善于倾听和沟通，长于协调，性情坚韧，这也是男性创业者所不能比拟的巨大优势。

工作中，女性具有亲和力强的特点，更容易赢得人们的好感；同时善于沟通和倾听，也能让女性创业者在综合众多意见的基础上，做出正确合理的决断。

在一个组织内部，女性充分发挥出来的协调优势、做事有韧性、不轻易说放弃的精神，能够让工作计划的安排和执行更具条理性、系统性，让组织更具战斗力。

优势三：女性善于表扬和鼓励。在一个团队内部，没有人喜欢被否定，都希望得到肯定的赞扬。所以，女性创业者善于表扬和鼓励的管理技巧，能够很好地鼓舞团队成员的斗志，增强团队成员的凝聚力。

优势四：“示弱”是女性的强项，这一点也远远胜过男性争强好胜、爱面子的行事方式。女性在遇到困难，想要寻求外界的帮助时，一定

程度上的“示弱”行为，能够激发人的同情心，有助于女性创业者获得更多的资源。

8.2.2 女性创业都有哪些劣势呢？

女性创业，在众多的优势之外，也存在着一定的劣势。比如观察社会上的创业者，在众多企业家群体中，女性企业家的数量显然远远少于男性企业家，身边具有“雄心壮志”的女创业者也相对较少。梳理其中的原因，主要在于女性创业过程中的种种劣势，在很大程度上限制和束缚了女性同胞的手脚。

劣势一：社会心理层面，依旧将女性定位为“弱者”形象，这也自然使得一些女性“对号入座”，将自己归入“弱者”的行列之内。

一方面，在一些大男人主义者眼中，女性身形柔弱，性情软糯，考虑问题简单化，动手能力和解决复杂问题的能力都相对较差，创业难度较大，不太适合女性。

在这种心理下，女性创业者想要获得事业上的成功，在创业领域和男性展开竞争，就必然要付出比男性更多的勤奋与努力以及时间和精力，这样才能逐步消除人们的偏见，赢得尊重。

另一方面，受大众心理的影响，很多女性也在潜意识中将自己主动归入“弱者”群体行列，认为从体能和开创拼搏精神上，女性确实比不过男性。这种潜意识下的“自觉”心理，也常常使得一部分职业女性认为自己真的还不够优秀，遇到独立决策的重大事项，需要借助男性的支持，所以在职场中，只管安心做好辅助角色就行了。

以上种种因素，导致在现实生活中的女性不敢轻易涉足创业领域，一谈到让自己放手去闯的话题，就会自然产生各种心理顾虑。

劣势二：女性创业，必然要考虑家庭因素。现实生活中，当一名男性做出创业决定时，大多时候，他们都会赢得全体家庭成员的支持。家人一般会鼓励他们去闯一闯，即使跌倒也没关系，哪里跌倒哪里重新站起来即可。

对于女性，却很少有这样的支持力度，尤其是对于那些结婚成家、有了子女需要抚养的家庭。当女性刚刚有了创业的念头时，第一个站出来反对的可能就是她们的丈夫。他们会“义正辞严”地发表反对意见：“你有时间去创业吗？家里的孩子怎么办？”也或者会说：“有一份工作做就行了，别想太高，照顾好家庭比什么都强。”

家庭内部诸如这样阻止女性创业的杂音，也会使得女性同胞顾虑重重，担心自身一旦投入创业中，不能维系好家庭和事业之间的平衡。

文娟是一家电商公司的员工。在工作了几年之后，积累了丰富工作经验的文娟，看好电商发展前景，于是就有了独自创业的想法。

谁知当她将自己的创业计划说给丈夫听时，丈夫却一脸不屑地回应说：“好好的工作不做，非要搞什么创业？成功了还好说，失败了怎么办？不要说我对你的能力有怀疑，就是想去支持你，起步资金怎么办？”

文娟不甘心，试图说服丈夫支持她，至于资金问题，她可以寻求好友的支持，一切都不用丈夫操心。但最终丈夫还是以孩子正在上初中为由，劝说文娟等孩子中考过后再说，现在将重心放在孩子的教育上，这才是现时家里面的头等大事。

就这样，文娟刚刚萌发的创业计划，被丈夫一盆冷水给浇灭了。文娟思前想后，得不到家庭支持的她，也只好暂时打消了创业的念头。

8.3 自我保护，拒绝“潜规则”

和男性相比，职业女性在职场中往往会遭遇一些难以启齿的“潜规则”。这些令人厌恶的举动，对女性心理造成了严重的阴影和伤害。在复杂的职场环境中，女性要有清醒的头脑，坚决远离“潜规则”的伤害，学会自我保护。

8.3.1 职场中，女性要警惕“潜规则”的黑手

职场中，女性因为性别因素，常会遭遇更多的职场风险，职场“潜规则”就是其中之一。

薛燕在一家公司从事文员岗位。工作中的薛燕，性格开朗，活泼大方，因此深得同事们的喜欢。

薛燕所在部门的经理，对她也关爱有加，不仅在公众场合经常表扬薛燕，遇到难题，也总是站出来帮薛燕解决。薛燕对这名领导非常敬重，将他当作友善的兄长看待。

但是渐渐地，薛燕感觉到领导对她的关心带有不纯的目的。办公室有不少女性同事，这名领导每次带一些可口的零食时，常常只给薛燕一个人享用，这让薛燕特别不好意思。好几次，薛燕委婉地提醒对方不要再给自己带零食吃了，如果传到他爱人耳朵里，会造成不必要的误会。

薛燕的委婉拒绝，对方丝毫没有听到耳朵里，毫不在意地表示她的这种担心是多余的，什么都别怕。

时间一长，这名领导的行为变本加厉，让薛燕不堪忍受，每次公司加班时，他不仅非要陪着薛燕一起，还在加班结束后邀请她一起吃夜宵。

薛燕不愿和这样一个有妇之夫有过多的纠缠，就说自己已经有了男朋友，男朋友晚上还等着她下班回去，真的没时间和他一起外出就餐。

面对薛燕的多次拒绝，对方也终于原形毕露。他明里暗里告诉薛燕只要和他在一起，他会找机会将薛燕调到更好的岗位上去，如果薛燕不肯答应的话，他有的是办法扣减薛燕的薪水。

直到此时，薛燕才真正明白自己遇到了职场“潜规则”。为了摆脱对方的纠缠骚扰，不胜其烦的薛燕果断从公司辞职，远离了这个让她心里产生严重阴影的是非之地。

远离职场潜规则，这几点要牢记

职场潜规则，让女性同胞不堪其扰，深受其害。在现实工作中，又有哪些方式或方法可以让职场女性远离这些潜规则呢？

- 在工作中，穿着得体，说话做事不亢不卑，不给对方暧昧、惦记的机会。女性有爱美的天性，不过要分场合，职场上着装应以规范正规为准则。同时，和异性同事、领导也要保持交往的界限。
- 在遇到潜规则时，不要忍气吞声，而是要勇敢地站出来，第一时间表明自己的态度，杜绝对方的非分之想。第一时间发声，可以采取报警的方式，也可以直接在同事面前揭露对方不当行径，以此来震慑阻止他们的恶劣企图。

8.3.2 职场“潜规则”的外衣都有哪些？

在职场中，像薛燕这类被职场“潜规则”胁迫的情况屡见不鲜。一些男性同事或上司，利用手中的职权，将“潜规则”发挥到极致，恬不知耻地对身边漂亮的异性展开各种骚扰。他们心怀不轨，种种令人不齿的行径让那些受到侵害的女性同胞深恶痛绝。那么，在职场中，都有哪些行为具有“潜规则”的倾向呢？

一是超出常规地过分关心女下属。

工作中，领导关心下属、呵护员工，本是无可厚非的举动，也是领导展现个人亲切力的一种方式。然而一些职场领导，他们关心女下属太过离谱，超越了常规的界限。比如，他们会经常打探女下属的婚姻家庭状况，尤其是女下属感情受挫或家庭婚姻出现问题时，这些领导会非常反常地表现出极大的热情，嘘寒问暖，虚情假意地试图趁虚而入。显然，他们这种过分关心的背后，隐藏着不可告人的目的。

二是经常借助职务之便或以工作为名，故意留女下属加班，或让她们陪着出差。

这些领导表面上一本正经，打着工作的旗号，多次有目的性地让心仪的女性陪着自己一起加班到很晚，或者每逢出差，一定要找借口带上这名女下属。

遇到有这种“非分要求”的领导，女性同胞一定要睁大眼睛，识破他们故意创造两个人单独相处机会的不良企图，在超过正常工作流程的范围外，明确地拒绝对方，不给他们任何机会。

三是针对特定女下属，多次无故为对方升职加薪，以此来达到取悦女下属的目的。

职场中，升职加薪是对员工的肯定和奖励，有了成绩，工作能力超强，领导也自然愿意为这样的下属“锦上添花”。然而，一些职场领导突然无故且多次给某一个女下属升职加薪，这样看似一件好事，实际上背后却是领导“潜规则”的运用。要知道天上不会白白掉“馅饼”，很多时候，这些“馅饼”反而是一个大坑。

四是经常找借口请女下属外出吃饭。职场中，工作是工作，生活是生活，异性之间在工作之外，应有一定的距离感和分寸感。如果有领导刻意接近某位女下属，在业余时间邀约对方陪自己吃吃喝喝，女性同胞也要多加谨慎。天下没有免费的午餐，两人之间非亲非故，他们却愿意为我们付出真金白银，显然一定是另有所图了。

除了这些，还有一些领导对女下属的着装提出额外的要求，要求她们穿着打扮要性感暴露一些，或者是眼神举动中多有暧昧的成分，所有这些都表明这些领导具有“潜规则”的倾向，不得不提高防范，小心应对。

8.3.3 面对“潜规则”，要勇敢说“不”

现实生活中，有时女性在职场中会被一些别有用心的男性盯上，遭遇职场“潜规则”。这种职场“潜规则”，具有隐蔽性和胁迫性的特征，很多女性在“潜规则”面前，为了个人的声誉、尊严、职业发展以及出于个人隐私等方面的考虑，大多憋在心里，敢怒不敢言。她们选择息事宁人的处理方式，反而更加助长了这些热衷“潜规则”人士的胆量与嚣张气焰。因此作为受害者一方，职场女性要勇敢地站出来，对职场“潜规则”大声说“不”。

精英案例

勇敢保护自己，击退“潜规则”

董莉是一家公司的女员工，入职之后，她从同事的闲聊中得知她们部门主任喜欢对女员工动手动脚，大家又气又怒，但为了工作，也只能忍着躲着。她们告诉董莉，平时要远离这名部门主任。

性格泼辣的董莉听了，也没太放在心上。工作中，除了必要的业务接触，董莉平时和对方并没有太多的交集，所以也就想当然地认为这种事情不会发生在自己身上。

谁知一次晚上加完班，同事都走了，董莉也收拾物品准备下班，这时那个部门主任却突然闯了进来。他看到办公室只剩下董莉一个人，胆子便大了起来，言语间对董莉多有骚扰。

董莉原本不想多理会他，只想尽快拿东西走人。谁知她的沉默反而助长了对方的胆量，公然对董莉动起手脚来。忍无可忍的董莉，一个巴掌打了过去，随即拿出电话准备报警。

董莉的举动吓坏了对方，这个部门主任赶忙低头求饶，说他鬼迷心窍做错了事情，保证以后不再有类似的举动。

女性学会防范和应对潜规则，是营造安全阳光职场的重要一环。董莉面对职场“潜规则”，勇敢说“不”，才是保护自己的最好方式。

8.4 如何平衡工作与家庭？

家庭和事业孰轻孰重？这并不是一个容易回答的问题，尤其对于职场中那些已经步入婚姻殿堂中的女性而言，如何兼顾工作和家庭，让两者得以平衡发展，是她们不得不面临的一大职场困境。学会破局，积极应对，才能让自己在家庭、事业中游刃有余。

8.4.1 事业和家庭之间，真的难以兼顾平衡吗？

在踏入职场之后，很多女性都会遇到一个绕不开的难题，那就是如何在家庭和事业之间寻求一个最佳的平衡点。

特别是对于那些已经结婚成家的女性而言，一方面要在职场中努力拼搏，以实现自我的价值；另一方面，家庭也是她们生活中最为重要的部分。夫妻间感情的维护，子女的学习教育，甚至照顾老人，这些家庭内部的事务，耗费了职场女性很多的精力与时间。

很多时候，因忙于工作，疏忽了对家庭成员的关照，会引发诸多家庭矛盾；因将重心放在家庭上面，工作状态不佳，导致被指责批评甚至被淘汰，职场危机在不知不觉间悄然而至。两者之间，孰轻孰重，几乎是令所有职场女性十分困惑的难题。

王蓓是一个非常要强的职场女性，在工作中有着强烈的事业心。从参加工作之初，王蓓就暗暗要求自己，一定要干出一番成就来，证明在职场上女性从来不输于男性。

对待工作认真负责、能力出众的王蓓，经过几年的打拼，也确实证明了她是一名优秀的职业女性。在这家男性员工占了一大半的公司里，王蓓一直做到了行政总监的位置。

但事业上春风得意、劲头十足的王蓓，却突然发现她的家庭生活出现了不和谐的音符。和丈夫结婚后，对于王蓓的工作，起初丈夫持支持态度，工作相对轻闲的他，甚至还主动包揽了主要的家务，这也使得王蓓能够全身心地投入工作。

然而渐渐地，对于太专注事业的妻子，王蓓的丈夫开始心生不满，多有抱怨，特别是两人结婚已经有好几年的时间了，因为忙于工作，一直没有要孩子，丈夫的意思是希望王蓓能够尽快生育，重心回归家庭生活。

面对丈夫的恳求，王蓓心有不甘，她想趁着自己还年轻，再多拼搏几年，等到事业彻底稳定下来时再要孩子不迟。因此，虽然丈夫多次劝说，王蓓却以各种借口拖延着。

王蓓的做法终于激怒了丈夫，多年来的不满和积怨一下子爆发了出来，他和王蓓在一次长谈后，给她下了最后“通牒”：半年时间内，假如王蓓还没有回归家庭生活，不愿生养孩子的话，两人只能离婚。

在丈夫发出的“通牒”面前，王蓓深感焦虑痛苦，她知道如果自己不在家庭和事业之间做出一个合理的选择，她的婚姻大概会走向终点，但如何在工作和家庭之间寻找一个平衡点，王蓓还没有理出一个头绪来。一个人独处时，王蓓常抚心自问：家庭和事业之间，难道真的难以兼顾平衡，非要牺牲一方吗？

王蓓的经历遭遇，代表了大多数职场女性的心声，事业固然重要，家庭也不可或缺，那么破解之道究竟在哪里呢？有没有一个相对两全其美的解决办法呢？

8.4.2 维系家庭和事业平衡，技巧很关键

相比过去，现代社会中的职场女性的身上有着更多的独立思想，渴望人格独立、经济独立、行为独立。然而，在生活中，她们同时也具备妻子、母亲的身份。那么，作为职业女性，究竟要如何去做，才能在家庭和事业之间寻求一个最佳的平衡点呢？实际上，这里面的方法、技巧很关键，运用得当，家庭、事业自然都可以兼顾得到。

技巧一：夫妻之间要懂得彼此尊重。家庭生活中，“男主外，女主内”的传统观念有着较大的影响力。在这种观念影响下，一些男士常

会固执己见，不赞成妻子太偏重事业的发展。

反过来，作为妻子，在职场中拼搏打拼，她们出人头地的背后，常常付出了常人难以想象的艰辛，如果得不到丈夫的理解、肯定也会怨气满腹。

一个反对，另一个一肚子怨气，如果非要针锋相对，自然无助于问题的解决。夫妻同心，其利断金，因此正确的做法是，双方能心平气和地坐下来，合理分配家庭事务，达成一个令彼此都满意的结果，这样对各自的事业发展都有帮助。

技巧二：事业心强的职业女性，要带着好情绪回家。对于那些在职场打拼，且有着极强事业心的职业女性，也许下班回家时满心疲惫，但在推开家门的那一瞬间，要让自己换上一脸微笑，用好的情绪回报丈夫的迎接。

很多时候，对于忙碌操持家务的丈夫，简简单单的一句“你辛苦了”，就会让人如沐春风，这就是积极情绪下衍生出来的和谐关系。因此，在日常生活中，多给家庭一点温暖的光，对家庭的稳定长久有着显著的效果。

技巧三：工作和家庭生活严格分开。无论工作再忙，作为职业女性，回家之后，要自动切换“家庭模式”，将时间留给丈夫和孩子。

比如，可以在晚饭后陪着丈夫一起散散步，或是和孩子玩游戏，给他们讲故事等。即使出差在外，也要每天抽出时间，和家人通话、视频，聆听他们生活中有趣的事情。试着去这样做，坚持下来，你就会发现一切都会有大的改观。

时间有限，提高陪伴质量是关键

职场中很多忙于事业的女性，也懂得经营家庭和发展事业并重的道理，她们也非常想抽出更多的时间去陪伴家人，和孩子共同成长。然而，人在职场，往往身不由己，有时项目紧急，不得不牺牲掉大量和家人相处的时间。遇到这种局面，职业女性又该如何应对呢?

假如时间有限的话，职业女性不妨转变思路，试着提升陪伴家人的质量。比如，和丈夫相处时，多和他沟通交流，说一说自己以后的计划打算，请他提出具体可行的解决办法；也可以转换角度，让自己作为聆听者，去倾听丈夫内心的想法，给他的人生事业发展以参考建议。

这样一来，丈夫就可以从中感受到来自妻子浓浓的爱和关心，夫妻关系也因此会温馨和谐起来。因此说，高质量的陪伴，也许时间不长，不过更有意义，也更有效果。

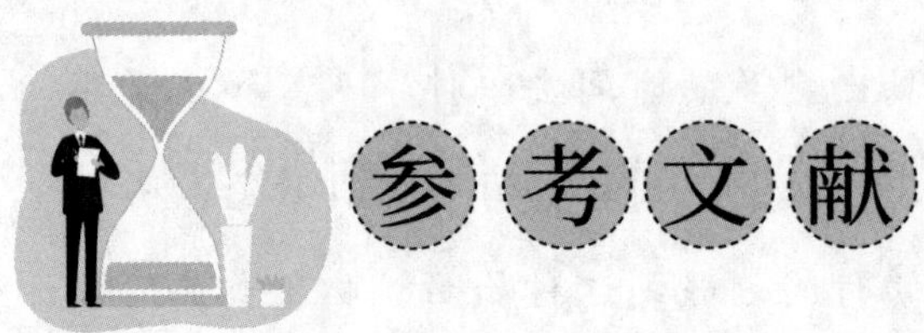

参考文献

[1] 曹敏 . 大学生职业发展与就业指导 [M]. 长沙：湖南科学技术出版社，2017.

[2] 陈彩彦，兰冬蓉 . 大学生职业生涯规划 [M]. 北京：航空工业出版社，2018.

[3] 陈胤，郭寒宇，陶美成 . 大学生职业生涯规划 [M]. 武汉：武汉大学出版社，2009.

[4] 程庆忠 . 自觉自悟：运筹职场的 30 柄双刃剑 [M]. 北京：光明日报出版社，2011.

[5] 迟双明 . 五维管理：没有管不好只有不会管 [M]. 成都：成都时代出版社，2016.

[6] 郭士 . 每个中层领导都缺一堂情商课 [M]. 北京：中国电影出版社，2018.

[7] 韩菲 . 女人受用一生的情绪课 [M]. 北京：中国华侨出版社，2015.

[8] 洪向阳 . 10 天谋定好前途：职业规划实操手册 [M]. 上海：上海大学出版社，2014.

[9] 李培山 . 大学生职业生涯规划与就业指导 [M]. 大连：辽宁师范大学出版社，2017.

[10] 李世化 . 早知道这样管理就好了 [M]. 北京：中国商业出版社，2012.

[11] 李云 . 职业女性素质修养 [M]. 北京：中国言实出版社，2011.

[12] 刘兰明，王立群 . 职业基本素养漫画教程 [M]. 北京：北京理工大学出版社，2015.

[13] 马腾文，孙沛 . 职业发展与就业指导 [M]. 北京：化学工业出版社，2014.

[14] 邵晓红 . 大学生职业生涯与发展规划 [M]. 北京：北京大学出版社，2009.

[15] 王革，刘伟 . 大学生职业生涯规划 [M]. 咸阳：西北农林科技大学出版社，2008.

[16] 王瑛 . 职业发展与就业指导 [M]. 北京：高等教育出版社，2017.

[17] 吴凡 . 把话说到客户心里去 [M]. 苏州：古吴轩出版社，2016.

[18] 吴永生，刘国泽 . 卓越员工工作方法 [M]. 北京：北京工业大学出版社，2013.

[19] 夏于全 . 职场方圆之道：办公室生存博弈规则 [M]. 北京：地震出版社，2006.

[20] 夏忠 . 大学生职业生涯规划与就业指导 [M]. 北京：北京理工大学出版社，2017.

[21] 姚凤云，郑郁，赵雅坦 . 大学生就业与创业 [M]. 北京：清华大学出版社，2017.

[22] 袁华冰 . 每天学点客户心理学 [M]. 北京：中国纺织出版社，2010.

[23] 张姣飞 . 超级自控力：有效管理自己的情绪和人生 [M]. 北京：中国纺织出版社，2016.

[24] 张金明，于淼 . 大学生职业生涯发展规划 [M]. 北京：电子工业出版社，2016.

[25] 张立宗 . 管人要懂的心理学 [M]. 北京：中国纺织出版社，2012.

[26] 钟希武 . 谋取高薪：从敬业做起 [M]. 北京：清华大学出版社，2007.